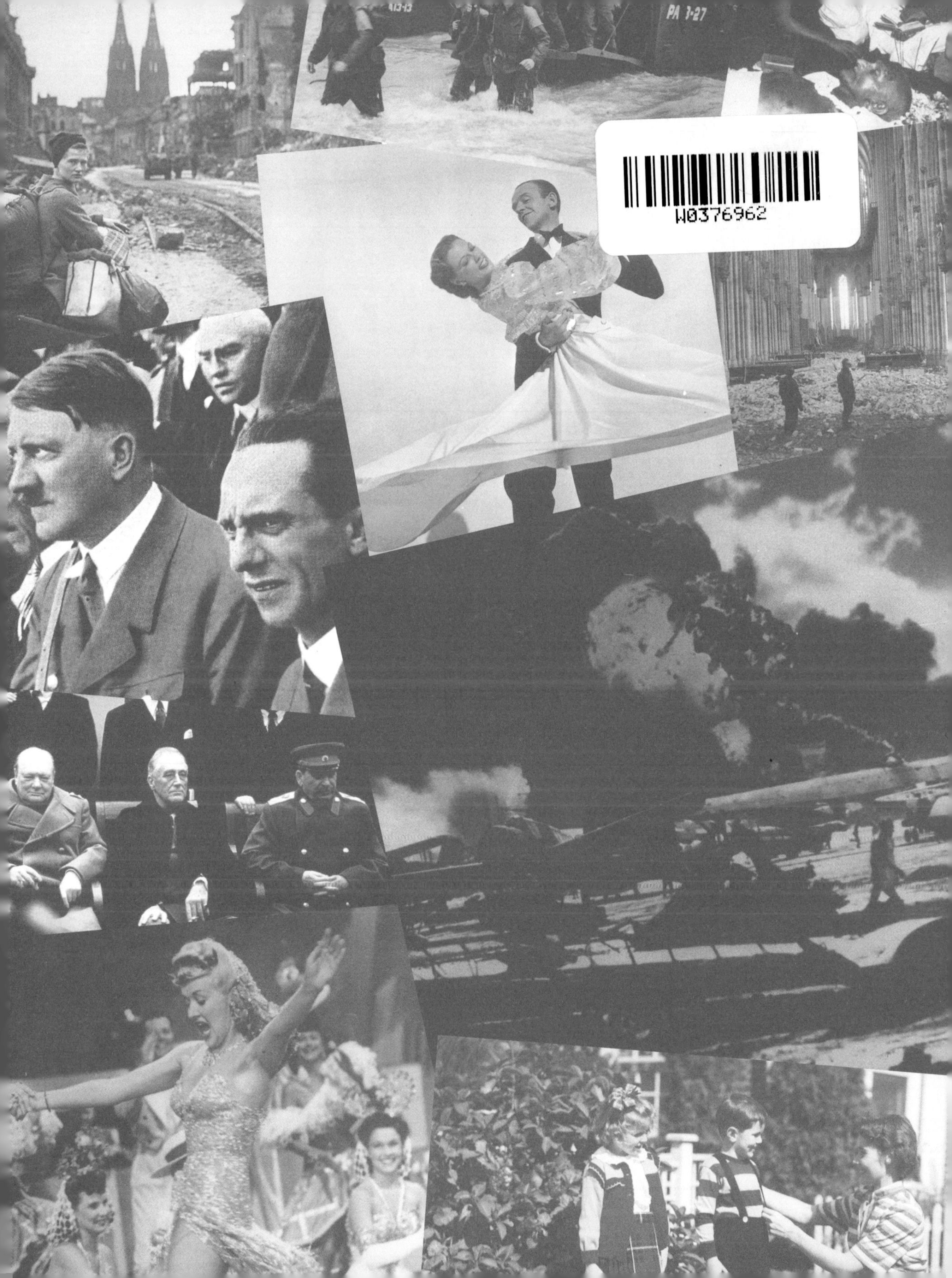
PA 3-27

DIE VIERZIGER JAHRE

James Lescott

DIE VIERZIGER JAHRE

Das bewegte die Welt -
Dokumentationen eines Jahrzehnts auf DVD

Parragon

Bath • New York • Singapore • Hong Kong • Cologne • Delhi
Melbourne • Amsterdam • Johannesburg • Auckland • Shenzhen

Entwurf und Realisation: Endeavour London Ltd.
21–31 Woodfield Road
London W9 2BA

Unser Dank gilt dem Team von Endeavour London Ltd. – Jennifer Jeffrey, Kate Pink, Franziska Payer-Crockett und Liz Ihre.

Parragon Books Ltd
Queen Street House
4 Queen Street
Bath BA1 1HE, UK

Realisation der deutschen Ausgabe: trans texas publishing, Köln
Übersetzung aus dem Englischen: Heinrich Degen, München
Lektorat & Projektmanagement: Nazire Ergün, Köln

ISBN 978-1-4454-5426-9
Printed in China

DVD produced by Getty Images.
Laufzeit der DVD ca. 30 Minuten

Umschlagbilder im Uhrzeigersinn, beginnend oben links:
Frauen 1945 inmitten der Ruinen von Köln. © Time & Life Pictures/Getty Images
Die zweite Welle der US-Truppen landet 1944 in der Normandie auf dem Strand. © Time & Life Pictures/Getty Images
Mahatma Gandhis Leichnam nach seiner Ermordung 1948. © Getty Images
Innenansicht des Kölner Doms 1945. © Time & Life Pictures/Getty Images
Schwarze Rauchwolken über einem Militärflughafen in der Nähe von Pearl Harbor, 1941. © Getty Images
Eine Mutter verabschiedet ihre Kinder auf dem Weg zur Schule, 1940. © Retrofile/Getty Images
Betty Grable tanzt einen „Jitterbug“, ca. 1940. © Popperfoto/Getty Images
Churchill, Roosevelt und Stalin 1945 auf der Konferenz von Jalta. © Getty Images
Adolf Hitler mit Propagandaminister Goebbels bei einer Kundgebung 1940. © Rolls Press/Popperfoto/Getty Images
Bild in Umschlagmitte: Fred Astaire mit Eleanor Powell im Film „Broadway Melodie 1940“. © Getty Images

Seite 7
Die US-Streitkräfte demonstrieren anlässlich des Sieges über Japan ihre Stärke mit inem Paradeflug über der USS Missouri, 2. September 1945. Kurz zuvor hatte die japanische Delegation an Bord des Schlachtschiffes ihre Kapitulation unterzeichnet.

Frontispiz
Nach dem Krieg in Europa wurde Mode wieder großgeschrieben und man zeigte mehr Bein. Drei britische Models präsentieren die damalige Mode, die ausschließlich dem Export diente; 21. Juli 1945.

Inhalt des Buches

Inhalt der DVD

Vorwort

1940 wurden in Großbritannien teilweise noch Doppeldecker zur Luftverteidigung eingesetzt, und es gab noch berittene Truppen. 1949 durchbrach ein junger amerikanischer Pilot als erster Mensch die Schallmauer, und das Automobil stand vor einem ersten goldenen Zeitalter. Alle, die die 1940er mit- und vor allem überlebten, wurden Zeugen eines rasanten Wandels der Lebensweisen, wie ihn Kriege häufig mit sich bringen. Sie sahen Zerstörungen in noch nie dagewesenem Ausmaß, unvorstellbare Grausamkeiten, aber auch Fortschritt in einem atemberaubenden Tempo. Neue Nationen entstanden, alte Imperien zerfielen, und die Welt wurde in zwei große Machtblöcke aufgeteilt. Im Osten herrschte der Kommunismus – grimmig und defensiv –, im Westen der Kapitalismus – glamourös und aggressiv. Und über dem ganzen Planeten schwebte die Bedrohung der Atombombe.

Es war eine Zeit, die alle Aspekte des Menschen zum Vorschein brachte, im Guten wie im Bösen: Heldentum und Barbarei, Selbstaufopferung und Gier, edles Streben und nackter Verrat. Keiner weiß, wie viele Menschen tatsächlich im Zweiten Weltkrieg starben, die Schätzungen liegen zwischen 50 und 60 Millionen. Die meisten Opfer waren in Europa und Asien zu beklagen, doch es traf auch viele in Afrika und im pazifischen Raum. Viele junge Soldaten aus den USA und Kanada ereilte das Schicksal, als sie den Atlantik überquerten, um dort „ihre Pflicht zu tun".

Als der Krieg vorbei war, räumte man das Chaos rasch beiseite. Es gab einen neuen Versuch, ein Weltforum zu schaffen, das Probleme wie Armut, Hunger, Seuchen und zwischenstaatliche Konflikte lösen sollte. Die Vereinten Nationen wurden in San Francisco gegründet und bekamen ihren Sitz in New York. Die UN-Charta trat am 24. Oktober 1945 in Kraft. In der Präambel heißt es: „Wir, die Völker der Vereinten Nationen – fest entschlossen ... unseren Glauben an die Grundrechte des Menschen, an Würde und Wert der menschlichen Persönlichkeit, an die Gleichberechtigung von Mann und Frau sowie von allen Nationen, ob groß oder klein, erneut zu bekräftigen."

Nach den Schrecken eines grauenhaften Krieges hatten Klarheit und gesunder Menschenverstand wieder die Oberhand gewonnen. Ein unmenschliches Jahrzehnt endete zuversichtlich.

Neun Monate nach Kriegsbeginn startete die deutsche Armee nach einer Zeit relativer Ruhe im Mai 1940 eine Großoffensive. In nur fünf Tagen überrannte sie die Niederlande und zwang die französischen, belgischen und britischen Truppen zum Rückzug. Als die Deutschen zur Erholung ihrer Truppen und zur Reparatur ihrer Panzer eine Pause einlegten, sammelten sich über 100 000 französische und 250 000 britische Soldaten an den Stränden von **Dünkirchen** (*rechts*), wo sie verzweifelt auf Rettung warteten.

TRACK 1

Durch Schiffe der französischen und britischen Marine sowie unzählige kleine, zivile Schiffe, die von Freiwilligen gesteuert wurden, gelang die Rettungsaktion in **Dünkirchen** (Operation Dynamo). (*Links*) Britische Soldaten waten durch das flache Wasser zu einem Boot. (*Rechts*) Ein britisches Kriegsschiff nimmt Besatzungsmitglieder des französischen Zerstörers Bourrasque auf, der auf eine Mine gelaufen und danach gesunken war.

TRACK 1

Angehörige des britischen Expeditionskorps (*links*) sammeln sich nach ihrer Evakuierung von den Stränden um **Dünkirchen** an Deck. Allein am 31. Mai konnten 68 000 Soldaten gerettet werden.

TRACK 1

Britische Soldaten in einem Zug an der englischen Südküste nach ihrer Rettung aus **Dünkirchen**. In Frankreich hatten die ständigen Vorstöße und Rückzüge die Truppe stark gefordert, schwere Gefechte hatte es kaum gegeben.

Belgische Flüchtlinge suchen bei einem Angriff der deutschen Luftwaffe Deckung. Für viele war dies nicht das erste Mal, dass ein Krieg sie aus ihren Häusern vertrieb.

Eine **zerstörte Brücke** in Belgien hält den Vormarsch einer deutschen Panzereinheit auf. Für den Blitzkrieg der Deutschen war diese Verzögerung jedoch nicht von Bedeutung, denn Brüssel war bereits erobert, und die belgische Armee befand sich auf dem Rückzug.

In den Wochen vor Dünkirchen marschieren **britische Soldaten** auf einer Allee an Franzosen vorbei, die vor den vorrückenden Deutschen flüchten. Die britische Armee war nur knapp sechs Monate in Frankreich im Einsatz.

Der **deutsche Vorstoß** geht weiter. Militärstrategen hatten schon seit 20 Jahren den Einsatz von Panzern und gepanzerten Mannschaftswagen für blitzartige Attacken auf offenem Gelände theoretisch durchdacht. Die Wehrmacht setzte diese Taktik als Erste im Krieg ein.

Nach der Niederlage Frankreichs paradieren deutsche Truppen über die **Champs-Élysées** in Paris. Knapp fünf Wochen nach dem Angriff auf Frankreich rückten sie am 14. Juni ohne nennenswerten Widerstand in der Stadt ein.

Adolf Hitler genießt seinen größten Triumph im Zweiten Weltkrieg, die Einnahme von Paris. Er traf dort am 23. Juni morgens um 5.30 Uhr für einen dreistündigen Besuch ein und wurde von den Architekten Albert Speer und Hermann Giesler sowie dem Bildhauer Arno Breker begleitet.

Track 2

Am 3. Juli 1940 nahm die britische Mittelmeerflotte bei **Oran** französische Kriegsschiffe unter Beschuss, um sie nicht in die Hände der Nazis fallen zu lassen. Zwei Schlachtschiffe und ein Kreuzer wurden zerstört, wobei es zahlreiche Opfer gab. (*Oben*) Französische Seeleute bekämpfen das Feuer an Bord eines ihrer Schiffe.

Der deutsche Außenminister Joachim von Ribbentrop (Mitte) beobachtet den Handschlag zwischen Marschall Philippe **Pétain** und **Hitler**. Pétain hatte sich im Juni um einen Waffenstillstand mit Deutschland bemüht. Wenig später wurde er Chef des französischen Staates in Vichy.

Nach der Niederlage Frankreichs bereitete sich Großbritannien auf eine deutsche Invasion vor. Die breit angelegten Programme zur zivilen Verteidigung waren häufig äußerst „optimistisch" in ihrer Planung. (*Oben*) Ein Mitglied der **Home Guard** steuert ein Fahrzeug, das zu einer Panzerattrappe umgerüstet wurde. Die Attrappen sollte die deutsche Luftaufklärung über die Stärke der britischen Armee täuschen.

Die **Home Guard** bestand aus Zivilisten, die in ihrer Freizeit ein Militärtraining absolvierten. (*Rechts*) Mitglieder der Local Defence Volunteers, eines Vorläufers der Home Guard, benutzen für ihre Gewehrübungen Besenstiele, 1940.

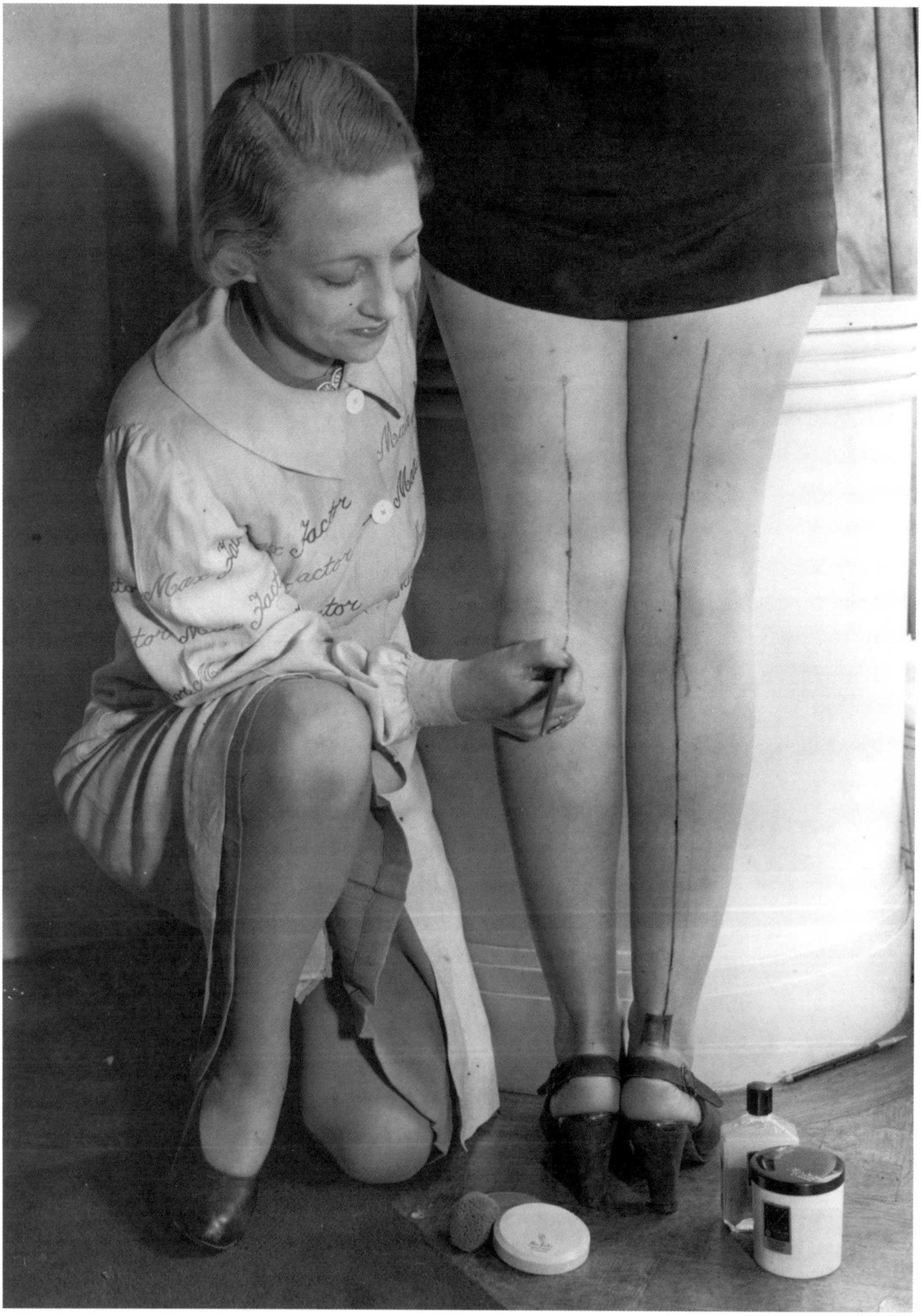

Die Modewelt bewahrt die Fassung. (*Links*) Eine Kosmetikerin von Max Factor malt einer Kundin eine **Strumpfnaht** auf das nackte Bein. Dadurch sollte der Eindruck erweckt werden, die Frau trage besonders feine Strümpfe.

(*Oben*) Verkäuferinnen im Londoner West End kehren die Scherben zusammen. Die **Bombenschäden** in den Einkaufsvierteln hatten oft größere demoralisierende Wirkung auf die Zivilbevölkerung als Angriffe auf Hafen- und Industrieanlagen.

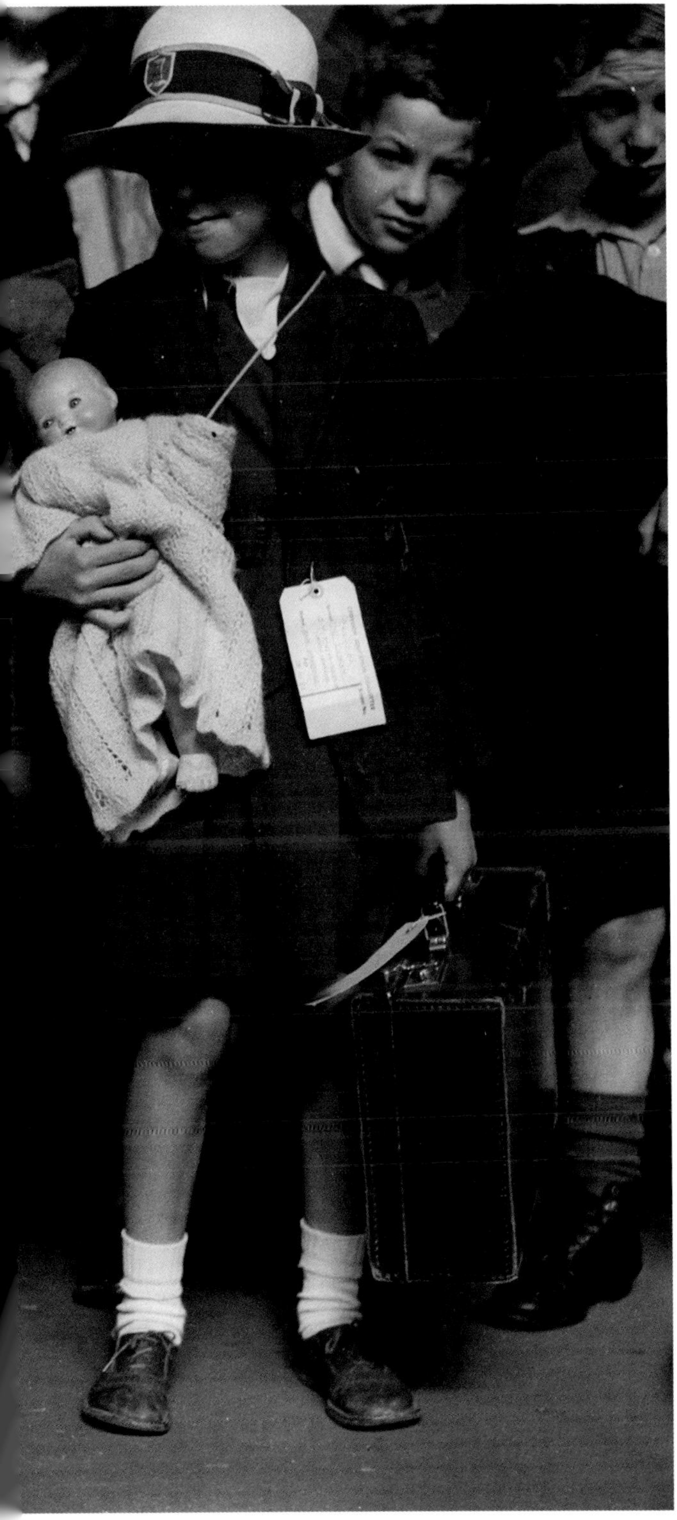

Kinder erleben den Krieg. **Londoner Kinder** (*links*) mit Namensschildern, die man zuvor an die Südküste evakuiert hatte, warten angesichts einer drohenden deutschen Invasion auf ihren Abtransport ins Landesinnere, 14. Juli. (*Oben*) Süßigkeiten und Eis waren rationiert oder nicht erhältlich; so genießen diese Kinder die gesündere Variante einer **„Karotte am Stiel"**.

DESERVE
VICTORY
LEND TO DEFEND
EXECUTED BY STUDENTS OF THE BRIGHTON SCHOOL OF ART
THEATRE ROYAL
BALLET RAMBERT
THEATRE ROYAL
WHITBREAD
EMPRESS
CRAVEN A
BUF 247

Zwei Varianten zur Finanzierung des Krieges. (*Links*) Ein riesiges Plakat mit **Winston Churchill** ruft die Briten zur Zeichnung von Kriegsanleihen auf. Studenten der Brighton School of Art hatten es nach Churchills Ernennung zum Premierminister im Mai 1940 entworfen. (*Oben*) Londoner Büroangestellte sehen sich an einem **mobilen Kinowagen** einen Film über die Erfolge der RAF (Royal Air Force) an. Mit diesen Vorführungen wurde zum Höhepunkt der Luftschlacht um England im Sommer 1940 Geld für die Kriegsanstrengungen gesammelt.

Die **Luftschlacht um England** dauerte von Juli bis September 1940. Sie begann nach der Eroberung Frankreichs und endete, als die Luftwaffe zur nächtlichen Bombardierung Londons und anderer Großstädte überging. (*Oben*) Ein Pulk Spitfire fliegt entlang der englischen Küste. (*Rechts*) Piloten der 610 County of Chester Squadron in Bereitschaft auf dem Flugplatz Hawkinge. Ein Pilot schrieb: „Die meiste Zeit hatten wir ziemlich Angst ...“

TRACK 3

OW

(*Oben*) Ein Doppeldeckerbus ragt aus einem **Bombentrichter** in der Gegend von Bounds Green in London, 27. Oktober. Solche Bilder sahen die Stadtbewohner häufig, wenn sie nach einer Bombennacht die Luftschutzkeller verließen.

(*Rechts*) Zwei Bomber Dornier Do 17 überfliegen bei einem **Angriff** auf die Londoner Docks Silvertown. Nachdem sie zunächst Flugplätze und militärische Anlagen angegriffen hatte, nahm die deutsche Luftwaffe im September 1940 vorrangig solche Ziele ins Visier.

Am 14. November wurde Coventry als erste Stadt das Opfer einer neuen Bombardierungstechnik. Die Kampfgruppe 100 führte als „Pfadfinder“ die Bomber ans Ziel, das dann angegriffen wurde. Der **Angriff auf Coventry** dauerte zehn Stunden, dabei wurden die Kathedrale (*links*) und große Teile des Stadtzentrums zerstört (*oben*).

John Ford drehte ***Früchte des Zorns*** nach der berühmten Romanvorlage von John Steinbeck. Jane Darwell (Mitte) und Henry Fonda (vorne) verkörpern Mutter und Sohn einer verarmten Farmerfamilie, die sich nicht unterkriegen lässt und in Hoffnung auf Arbeit nach Westen zieht. Darwell erhielt für ihre Leistung den Oscar als beste Schauspielerin.

Charlie Chaplin vermittelte in ***Der große Diktator***, seinem ersten Tonfilm, eine sehr persönliche Botschaft. Es war eine satirische Komödie auf den Faschismus, bei der Chaplins politische Botschaft durch sentimentale Momente und Varietéeinlagen etwas relativiert wurde.

Das freie Frankreich setzte den Krieg aus dem Exil fort. Sein Anführer war **Charles de Gaulle** (*links*, Mitte), hier bei einer Inspektion französischer Truppen, die ihm nach Großbritannien gefolgt waren, 24. Januar 1941.

Für die **französische Résistance** begann erst der Kampf. (*Oben*) Eine Partisanengruppe übt den Umgang mit Waffen, die an Fallschirmen über dem Gebiet Haute-Loire abgeworfen worden waren. Der Résistance stand ein langer und erbitterter Kampf bevor.

Die monatelangen schweren Bombenangriffe verwandelten Teile Londons in eine Trümmerlandschaft. „Eine surrealistische Wüstenei verbogener Stahlträger“, so wurde das am heftigsten betroffene Gebiet um die **Saint Paul’s Cathedral** (*rechts*) beschrieben. (*Oben*) Die Kleidung dieser Feuerwehrmänner ist völlig durchnässt, schmutz- und ölverschmiert, als sie bis in die Morgenstunden hinein gegen die Flammen ankämpfen, Mai 1941.

TRACK 4

(*Unten*) Während eines schweren Luftangriffs suchen **Moskauer Bürger** Schutz in der Metrostation Majakowskaja. Andere U-Bahn-Stationen der Stadt wurden in Krankenhäuser umfunktioniert.

TRACK 4

In den als Luftschutzräumen genutzten **Londoner U-Bahn-Stationen** entwickelte sich eine lebendige „Subkultur“. Man richtete im Untergrund Büchereien, Debattierklubs und Bildungseinrichtungen ein. (*Rechts*) Ein Konzert der Organisation ENSA in der Aldwych Station.

TEMPLE STA
DISTRICT

(*Oben*) Das historische dreitägige Treffen von US-Präsident Roosevelt und dem britischen Premier Winston Churchill an Bord des Schlachtschiffes HMS Prince of Wales in der Placentia Bay in Neufundland, August 1941. Dort vereinbarten sie die **Atlantikcharta**.

TRACK 4

(*Rechts*) Churchill und sein Informationsminister Brendan Bracken inspizieren die Bombenschäden an den **Houses of Parliament**, 11. Mai. Die Schäden konnten die Entschlossenheit Churchills, den Kampf fortzusetzen, nicht schwächen.

Der Krieg hatte tief greifende Auswirkungen auf das Leben der Frauen in den betroffenen Ländern. Sie übernahmen Aufgaben in Landwirtschaft und im Transportwesen, arbeiteten in den Fabriken und dienten in der Armee. (*Oben*) Angehörige der **Women's Land Army** bei der Heuernte in Suffolk, 26. April.

(*Oben*) **Arbeiterinnen** einer britischen Munitionsfabrik bei einer Pause. Sie erhielten täglich eine Extraration Milch, um eventuelle Schäden durch den Kontakt mit Blei in der Produktion vorzubeugen. Zunächst war dieser Arbeitseinsatz freiwillig, später wurden Frauen dazu verpflichtet.

Das Unternehmen **Barbarossa** begann am 22. Juni 1941. Hitlers Ziel war die rasche Ausschaltung der UdSSR als Militärmacht und der Zugriff auf die sowjetischen Ölfelder. (*Oben*) Zunächst konnten die motorisierten Verbände der Wehrmacht schnell vorstoßen, wie hier in der Ukraine.

Keiner der beiden Seiten gelang ein schneller Sieg. Der Winter brachte den Vorstoß der Deutschen zum Stillstand und stürzte die durch die Kämpfe heimatlos gewordene Zivilbevölkerung in entsetzliche Not. (*Oben*) Eine Gruppe **russischer Frauen und Kinder** auf der verzweifelten Suche nach einer sicheren Unterkunft.

1941 Pearl Harbor

Pearl Harbor auf Hawaii war der Heimathafen der US-amerikanischen Pazifikflotte. Amerikanische Berater warnten davor, dass die Basis im Fall eines Konfliktes zwischen Japan und den USA ein bevorzugtes Angriffsziel sein könne. Als am Sonntagmorgen des 7. Dezembers 360 japanische Flugzeuge ohne offizielle Kriegserklärung angriffen, war die Garnison dennoch völlig überrascht. Bei dem nur knapp zwei Stunden dauernden Beschuss wurden 19 Kriegsschiffe, darunter fünf Schlachtschiffe, und 188 Flugzeuge der Amerikaner zerstört. Die japanischen Verluste waren dagegen unbedeutend: 29 Flugzeuge und fünf Klein-U-Boote.

Die Amerikaner reagierten rasch. Roosevelt sprach von „einem Tag der Schande" und versicherte, „mit Gottes Hilfe werden wir den unabwendbaren Triumph erringen." Es folgte die Kriegserklärung der USA an Japan. Drei Tage später erklären Deutschland und Italien, die Verbündeten Japans, den USA den Krieg. Glück im Unglück war für die amerikanische Marine, dass die in Pearl Harbor stationierten Flugzeugträger zum Zeitpunkt des Angriffs auf See gewesen waren. Diese Schiffe bildeten das Rückgrat beim Wiederaufbau der amerikanischen Flotte.

Alle sechs großen japanischen Flugzeugträger waren an dem Überfall auf Pearl Harbor beteiligt. (*Links*) Japanische Piloten beim Briefing vor dem Start.

(*Oben*) Dieses von einem japanischen Flugzeug aus aufgenommene Foto zeigt den Beginn des Angriffs auf Ford Island in Pearl Harbor. Die Wasserfontänen stammen von Bomben, die auf die „Battleship Row“ abgeworfen wurden. Dort lagen die meisten der großen US-Schiffe vor Anker.

(*Links*) Rauch quillt aus den beiden sinkenden Schlachtschiffen USS West Virginia und USS Tennessee. (*Oben*) Der amerikanische Zerstörer USS Shaw explodiert. (*Unten*) Nach dem Abwurf seiner Bomben auf einen Flugplatz in Pearl Harbor fliegt ein japanischer Bomber zu seinem Träger zurück.

(*Links*) Wenige Stunden nach dem Angriff auf das Trockendock in Pearl Harbor: Im Vordergrund liegen die Überreste der Zerstörer USS Downes und USS Cassin. Aus dem von einer 500-Pfund-Bombe getroffenen Schlachtschiff USS Pennsylvania quillt Rauch. Hinter dem Kran liegt die von einem japanischen Torpedo getroffene USS Helena.

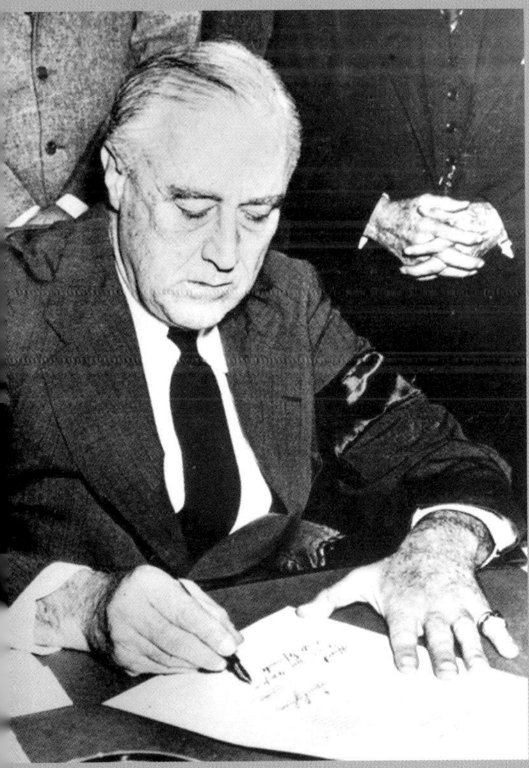

(*Links*) Präsident Roosevelt unterzeichnet die Kriegserklärung der USA an Japan, 8. Dezember 1941. (*Oben*) Eine Extraausgabe des *San Francisco Chronicle* titelt nach dem Überfall auf Pearl Habor: „Die Vereinigten Staaten im Krieg“ und nimmt die Kriegserklärung an die Japaner vorweg.

KANE
K
CK-36

(*Oben*) In ***Die Spur des Falken*** von 1941 verkörpert Humphrey Bogart als Sam Spade einen typischen Privatdetektiv der „Schwarzen Serie" – zynisch und undurchschaubar. Dies war die dritte und vielleicht beste Verfilmung des Romans von Dashiell Hammett.

(*Links*) Große Geste eines machtbewussten Mannes – Orson Welles in seiner fulminanten Rolle in ***Citizen Kane***. Der Film gilt als einer der besten Filme aller Zeiten, Welles und Herman J. Mankiewicz gewannen Oscars für ihr Drehbuch.

Der Krieg in Fernost war für Großbritannien und die USA zunächst verheerend. Im Februar fiel mit Singapur ein Kernland des Britischen Empire. Am 6. Mai mussten die USA die Insel **Corregidor** übergeben. (*Links*) Die US-Flagge auf Corregidor wird eingeholt. (*Oben*) Gefangen genommene britische Soldaten werden abgeführt.

Beim Vorrücken der Japaner – Insel um Insel – gerieten Hunderte Soldaten der Alliierten in Gefangenschaft. (*Links*) **Kriegsgefangene** werden von ihren japanischen Bewachern durchsucht.

(*Rechts*) Sechs Monate nach Kriegsbeginn werden die ersten Amerikaner japanischer Abstammung aus ihren Wohnungen in Bainbridge Island, Washington State, in **Internierungslager** gebracht. Diese Frau und ihr Kind waren in den USA geboren. Vielleicht kehrten sie 1945 nach dem Krieg, wie viele andere Internierte, nach Bainbridge zurück.

TRACK 6

Im Mai und Juni 1942 brachten zwei große Seeschlachten im Pazifik den Umschwung im Krieg. (*Links*) Besatzungsmitglieder der in der **Schlacht im Korallenmeer** versenkten USS Lexington hangeln sich an Bord eines Rettungsschiffes, 8. Mai 1942. (*Oben*) In der **Seeschlacht bei den Midway-Inseln** trifft ein japanischer Torpedo den Flugzeugträger USS Yorktown, 4. Juni. Die japanischen Träger erlitten schwerere Verluste.

6
BERT
6

„Improvisiertes Chaos sorgte für einen schändlichen Fehlschlag", so das Urteil des Historikers A. J. P. Taylor über das **Landungsunternehmen in Dieppe** am 19. August. Britische und kanadische Truppen wurden für eine Generalprobe für künftige, größere Landungsunternehmen eingesetzt. Es war ein Desaster. (*Links*) Deutsche Soldaten untersuchen einen erbeuteten kanadischen Churchill-Panzer. (*Oben*) Britische Soldaten mit einem gefangenen Deutschen.

TRACK 7

Die Gegner von El Alamein. (*Links*) Feldmarschall **Erwin Rommel**, der bekannteste Militärstratege des Krieges. Unter seinem Kommando rückten die Deutschen erfolgreich in Nordafrika vor, doch überdehnte Nachschublinien zwangen ihn zum Rückzug. (*Oben*) General **Bernard Law Montgomery**, genannt Monty, konnte seine Truppen begeistern und motivieren.

Die **Schlacht von El Alamein** begann am 23. Oktober 1942 und dauerte zwölf Tage. Rommel befehligte 100 000 Deutsche und Italiener, Montgomery 200 000 Soldaten der Alliierten und aus dem Commonwealth. Nach Churchills Einschätzung markierte der Sieg der Alliierten „das Ende des Beginns des Krieges …" (*Rechts*) Die Besatzung eines deutschen Panzers kapituliert am 25. Oktober – ein Bild, das die britische Öffentlichkeit beeindruckte.

TRACK 7

Die Pazifikinseln waren Schauplatz erbitterter Kämpfe. (*Oben*) In der Schlacht um Guadalcanal auf der Raider's Ridge **gefallene Japaner**, 14. September 1942. (*Rechts*) **Leichen amerikanischer Soldaten** liegen an einem Strand in Neuguinea. Bis hier drangen die Japaner vor, sie bedrohten Australien und die Nachschublinien der Alliierten im Südpazifik.

(*Links*) Beim Angriff auf Toulon in Frankreich wird dieser amerikanische **Bomber B-26 Marauder** von der Flak getroffen und verliert ein Triebwerk.

Im Herbst 1942 besetzten die Deutschen auch die vom Vichy-Regime regierte „freie Zone" Frankreichs. Französische Seeleute versenkten ihre im Hafen von **Toulon** liegenden Kriegsschiffe (*oben*), damit sie nicht in die Hände der Deutschen fielen. Drei Schlachtschiffe, sieben Kreuzer und 16 U-Boote wurden zerstört.

(*Oben*) Die Pianistin **Myra Hess** bei einem ihrer vielen Mittagskonzerte in der National Gallery in London, 18. Juli 1942. Sie spielte stets vor vollem Haus, selbst während der Luftangriffe. Ihr Repertoire bestand trotz des Krieges gegen Deutschland vorrangig aus Werken der Komponisten Beethoven, Mozart und Bach. (*Rechts*) Im Hintergrund lacht Fats Waller von einem Plakat, und die Sängerin Joya Sherrill lächelt in die Runde (Mitte), während **Duke Ellington** für Armeeangehörige in Hartford, Connecticut, Klavier spielt.

Tanzen, ob im Film oder in Tanzlokalen, gehörte während des Kriegs zu den beliebtesten Vergnügungen. (*Links*) **Leon James** und **Willa Mae Ricker** demonstrieren den Lindy Hop, der sich als Tanzstil in den 1920ern in New Yorker Clubs entwickelt hatte, aber seine größte Popularität in den 1940ern auf der ganzen Welt, die Achsenmächte eingeschlossen, erreichte. (*Oben*) **Fred Astaire** und **Rita Hayworth** tanzen zur Musik von Jerome Kern 1942 im Film *Du warst nie berückender*.

Ivy Benson und Vera Lynn waren die besonderen Lieblinge der britischen Truppen. Benson leitete während des Krieges eine Frauen-Big-Band. Ihr Markenzeichen war der Song *Lady Be Good* – viele ihrer Musikerinnen verlor sie durch Romanzen, speziell mit amerikanischen Militärs. (*Oben*) Ivy an der Klarinette bei einem Halloween-Tanz für GIs, 14. November 1942.

Vera Lynn war „The Forces' Sweetheart". Zu den größten Hits der vielseitigen Sängerin gehörten während des Krieges sentimentale Songs wie *We'll Meet Again* und *There'll be Bluebirds Over the White Cliffs of Dover.* (*Oben*) Im Namen der Variety Artistes Ladies' Guild übergibt Vera eine mobile Kantine an das YMCA.

Stalingrad

Der Angriff auf die Sowjetunion war als weiterer Blitzvorstoß der bis dahin unbesiegten Wehrmacht geplant. Hitler startete das Unternehmen Barbarossa im Juni in Erwartung eines schnellen und umfassenden Erfolges. 15 Monate später belagerte die 6. Armee unter General von Paulus Stalingrad. Auch Stalin erklärte die Situation zum kritischen Augenblick im Großen Vaterländischen Krieg, zum Härtetest für die Entschlossenheit der bolschewistischen Revolution und die Loyalität der sowjetischen Bevölkerung. Die folgende Schlacht um Stalingrad wurde für Millionen Menschen die Hölle auf Erden.

Im November 1942 wurden die deutschen Belagerer Stalingrads selbst von der Roten Armee eingekesselt. Von Paulus wollte die Belagerung durchbrechen und sich den Weg freikämpfen, doch Hitler lehnte dieses Vorhaben kategorisch ab. Das Leiden auf beiden Seiten war entsetzlich. Im Dezember fehlte es den Deutschen praktisch an allem: Verpflegung, Munition, angemessener Kleidung und Medikamenten. Am 31. Januar 1943 ergab sich von Paulus. Über 90 000 Deutsche waren an Kälte und Hunger gestorben, 100 000 waren in den Wochen zuvor gefallen.

(*Rechts*) In der Anfangsphase der Belagerung beschießen deutsche Soldaten einen Randbezirk von Stalingrad, September 1942. (*Ganz rechts*) Inmitten von Ruinen erhebt sich das Standbild Lenins.

Gegensätzliche Ansichten von Stalingrad. (*Rechts*) Deutsche Panzer geben der vorrückenden Infanterie Geleitschutz, November 1942. Das Bild wurde von einem deutschen Kriegsberichterstatter aufgenommen und scheint nicht manipuliert. (*Oben*) Collage aus zwei russischen Fotos: Die eindrucksvolle Darstellung des sowjetischen Widerstands und der Gegenattacke sollte den Heroismus beflügeln. Der Vordergrund mit dem toten Zivilisten auf der Mauer wurde offensichtlich nachträglich in das Bild eingefügt.

(*Oben*) Deutsche Sturzkampfbomber überfliegen Stalingrad. (*Rechts* und *ganz rechts oben*) In den letzten Tagen der Schlacht um Stalingrad kämpfen sich Soldaten der Roten Armee durch die Ruinen der Stadt vor und neutralisieren die wenigen verbliebenen deutschen Widerstandsnester.

(*Rechts*) **Sowjetische Soldaten ziehen an den Ruinen des einstmals prächtigsten Kaufhauses Stalingrads vorbei. Zwei Monate zuvor hatte das Gebäude Feldmarschall von Paulus und seinem Stab noch als Hauptquartier gedient. Die Zerstörungen in der Stadt waren so gewaltig, dass man von 50 bis 100 Minen, Bomben und Granaten ausging, die pro Quadratmeter explodiert sein mussten.**

Am 7. August 1942 landeten US Marines auf der Salomoneninsel **Guadalcanal**, und ein sechs Monate währender erbitterter Kampf begann. Es war ein Gemetzel unter entsetzlichen Bedingungen. (*Links*) Amerikanische GIs auf Patrouille im Dschungel am Fuß des 500 m hohen Hügels „The Grassy Knoll“. (*Oben*) Von Hunger und Krankheit gezeichnete japanische Kriegsgefangene werden von GIs zum Strand geführt, 26. Februar 1943.

Im April 1943 erhoben sich die Bewohner des jüdischen **Gettos in Warschau** gegen die deutschen Truppen. Sie hatten Waffen ins Getto geschmuggelt und ein Lager mit selbst gebastelten Bomben angelegt. Doch der Aufstand war von Anfang an zum Scheitern verurteilt. Die Deutschen forderten Verstärkung an und trieben die Aufständischen in erbitterten Straßenkämpfen in einem immer kleineren Bereich zusammen. (*Rechts*) Nach dem Aufstand werden Juden in ein Konzentrationslager abtransportiert.

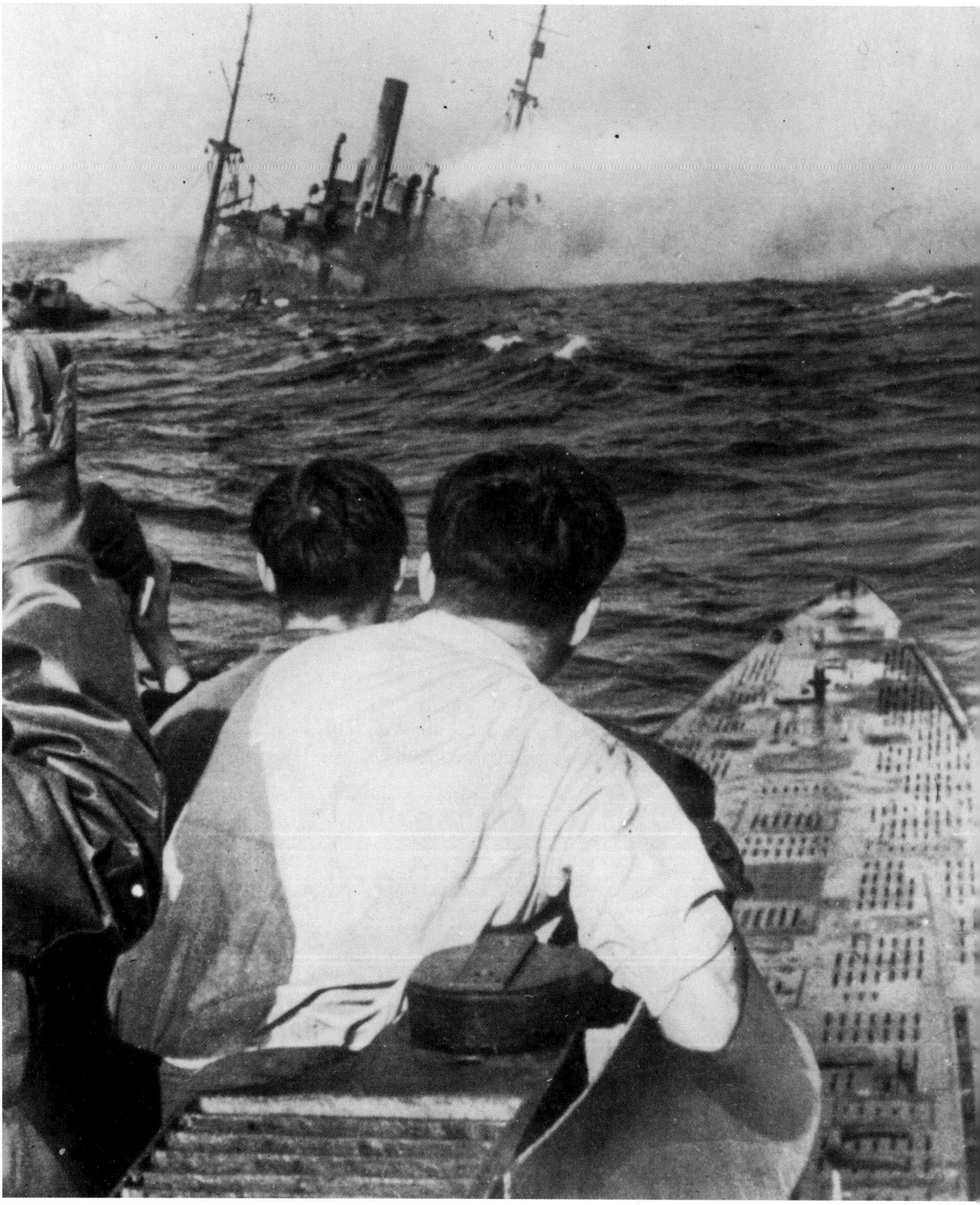

Im sogenannten **U-Boot-Krieg** hatten 1941 deutsche Marine und Luftwaffe 300 Schiffe im Atlantik versenkt. In den nächsten Jahren mussten die Alliierten weitere starke Verluste hinnehmen. Erst als 1943 auch die Deutschen starke Verluste in den eigenen Reihen verzeichneten, beorderte Admiral Dönitz die U-Boote in ihre Basis zurück. (*Links*) Eine U-Boot-Besatzung beobachtet ein sinkendes amerikanisches Handelsschiff. (*Oben*) Nachdem ihr Frachtschiff Opfer eines U-Boot-Angriffs wurde, warten diese britischen Seeleute darauf, von einem US-Küstenwachboot gerettet zu werden.

Nach ihrem Erfolg in Nordafrika bereiteten die Alliierten den Angriff auf Sizilien vor. Am 10. Juli 1943 ankerte eine Armada aus 3000 Kriegsschiffen und Landungsbooten vor der Küste Siziliens, und die Invasion begann. Es gab nur geringen Widerstand. (*Oben*) Zwei Wochen später begrüßen die Sizilianer in **Palermo** einrückende amerikanische Sherman-Panzer.

Die Unterstützung für Hitler und Mussolini in Italien schwand zusehends, doch die Wehrmacht leistete heftigen Widerstand, als die alliierten Truppen Anfang September über die Straße von Messina zum **italienischen Festland** übersetzten. (*Oben*) US-Militärfahrzeuge des 817th Engineer Aviation Battalion werden angelandet. Das US-Flugzeug wurde Opfer der eigenen Luftabwehr, der Pilot war aber nur leicht verletzt.

Diese Fotos von Margaret Bourke-White zeigen das Leben in Italien während des alliierten Vormarsches. (*Rechts*) Einwohner fliehen aus **Neapel**, weil sie sich vor ferngezündeten Sprengfallen fürchten, die die Nazitruppen beim Rückzug häufig hinterließen. (*Oben*) Kinder, die mit ihren Familien im Untergrund hausten, um sich vor alliierten Bombenangriffen zu schützen.

Mit der Wende im Kriegsverlauf kam es 1943 zu einer Reihe von Konferenzen der Staatschefs der Alliierten. (*Oben*) Die 1. **Konferenz von Kairo**, 22.–26. November 1943: (von links nach rechts) Chiang Kai-shek, Roosevelt, Churchill und Chiangs Gattin Song Meiling. (*Links*) **Casablanca**, 14. Januar 1943: Erzwungene Aussöhnung zwischen Giraud (ganz links) und de Gaulle (Zweiter von rechts).

(*Oben*) **Teheran**, 28. November 1943: (von rechts nach links) Churchill, Roosevelt und Stalin (er schüttelt Churchills Tochter Sarah die Hand). Auf dieser Konferenz fällt die Entscheidung für die Invasion in Frankreich. (*Rechts*) Churchill (vorne rechts), Anthony Eden (vorne links) und Roosevelt (Zweiter von links) treffen sich in **Quebec**, August 1943. Dort stimmt Roosevelt der Invasion in Italien bei.

TRACK 9

Mehrere Hollywoodhelden verließen die Studios, um in den Streitkräften zu dienen. Dort waren die Kugeln echt und nicht immer der Gute auch der Sieger. (*Oben*) **Clark Gable**, Bordschützenausbilder der US Air Force lächelt in die Kamera. (*Rechts*) Major **James Stewart** wird für seinen heldenhaften Einsatz bei Luftangriffen über Deutschland ausgezeichnet.

Stars aus Sport und Showbusiness meldeten sich freiwillig zum Kriegseinsatz, das hob die Moral zu Hause und vermittelte den in Übersee Stationierten Kontakt zur Heimat. (*Oben*) **Joe Louis**, Boxweltmeister im Schwergewicht, verteilt in Fort Devons Autogramme. (*Rechts*) Die Komödiantin **Martha Raye** bei einem Showauftritt der Betreuungsorganisation USO in Constantine, Algerien.

Die Stage Door Canteen war ein von der USO für Armeeangehörige eingerichteter Nachtklub in New York City. Am Büfett wurden die Gäste zu ihrer Freude oft von Hollywoodstars bedient. (*Oben*) Der US-Gefreite Vazquez bekommt von **Bette Davis** höchstpersönlich ein Stück Kuchen serviert, 10. Juli 1943.

Der Klub lieferte 1943 die Idee für einen All-Star-Film mit Harpo Marx, Yehudi Menuhin, „Tarzan" J. Weissmuller, Katherine Hepburn, Gypsy Rose Lee, Benny Goodman und seinem Orchester, der Count Basie Band und vielen anderen. (*Oben*) In *Show Business at War*, einem für die Wochenschau *March of Time* in der ebenfalls berühmten Hollywood Canteen gedrehten Kurzfilm spielte **Marlene Dietrich** (ganz rechts) mit.

Am 4. Juni 1944 nahmen die Alliierten **Rom** ein. Früh am Morgen hatte man Flugblätter abgeworfen: „Bürger Roms, dies ist nicht die Zeit für Kundgebungen. Geht wie gewohnt eurer Arbeit nach. Rom gehört euch!“ US-Soldaten marschieren am Standbild von Viktor Emmanuel II. an der Piazza Venezia vorbei.

CIVIVM LIBERTATI

Verbände der 5. US-Armee drangen Anfang Juni 1944 in Rom ein. Wer mit den Faschisten Mussolinis oder der deutschen Besatzungsmacht kollaboriert hatte, konnte nun kaum mehr mit Gnade rechnen. (*Oben*) Römische Bürger bedrohen einen **Sympathisanten des Faschismus**.

Papst Pius XII. erklärte in einer Rede vom Balkon des Vatikan erfreut: „Dank des guten Willens beider Seiten wurde Rom aus den Schrecken des Krieges gerettet." Doch nicht überall in der Ewigen Stadt war dieser gute Wille zu spüren. (*Oben*) Blutige Rache an einem **Unterstützer der Faschisten**.

(*Oben*) Am Morgen des D-Days waten US-Soldaten an die Küste der Normandie, die unter heftigem MG-Feuer liegt. (*Rechts*) Während der Eröffnungsphase der Invasion zeichnen die Leuchtspurgeschosse der Kriegsschiffe ein bizarres Muster in den Nachthimmel.

Die groß angelegte Invasion der Alliierten in Frankreich war kein Geheimnis. Doch nur wenige wussten, wo sie stattfinden würde. Die Operation Overlord begann wegen stürmischen Wetters mit einem Tag Verspätung. Am 6. Juni 1944 um 6.30 Uhr morgens landeten die ersten amerikanischen Truppen an der Küste der Normandie. Die Briten folgten eine Stunde später. Am Ende dieses Tags waren 156000 Mann unter schwerem Beschuss und mit enormen Verlusten angelandet worden. Die Führung der Wehrmacht hatte rasch erkannt, dass die größte Chance zur Abwehr der Invasion darin lag, die Bildung eines Brückenkopfes zu verhindern.

Weitere Stürme vom 19. bis 22. Juni verlangsamten den alliierten Vorstoß. Die Amerikaner brauchten noch eine Woche, um Cherbourg zu erobern, während die Briten bei Caen festgenagelt wurden. Eisenhower bat die Franzosen in Botschaften um Geduld. Am 25. Juli gelang den Amerikanern der Durchbruch, sie drangen nach Nordfrankreich vor – die Befreiung hatte begonnen.

Und es kommen immer mehr. (*Oben*) Eine zweite Welle amerikanischer Soldaten geht am D-Day an Land. Viele Landungsboote wurden von Granaten getroffen und sanken mit ihrer Besatzung. Andere wurden durch die heftige Meeresströmung weit von ihrem Ziel abgetrieben.

(*Oben*) Soldaten der kanadischen 3. Division landen am Juno Beach. (*Unten*) Verwundete GIs werden an Land geschleppt, nachdem ihr Landungsboot beim Utah Beach gesunken ist.

(*Links*) Luftaufnahme eines Strandabschnitts in der Normandie am D-Day. Der Strand war da schon abgesichert, und die Kämpfe hatten sich bereits ins Landesinnere verlagert. Eine der großen Überraschungen des D-Days war die fast völlige Abwesenheit der deutschen Luftwaffe. (*Oben*) Am Tag danach trinken amerikanische Infanteristen in Sainte-Mère-Église auf den Erfolg.

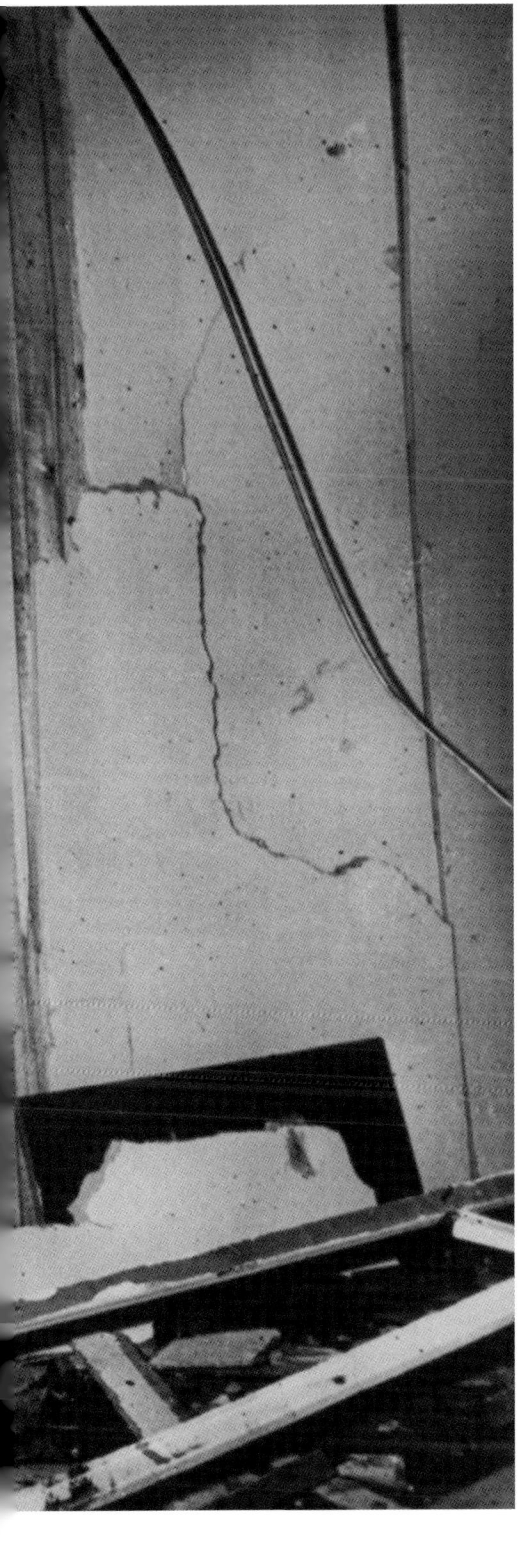

Am 20. Juli 1944 schmuggelte Claus Graf Schenk von Stauffenberg eine **Zeitbombe** in Hitlers Hauptquartier Wolfsschanze bei Rastenburg. Die Bombe explodierte, Hitler wurde aber nicht getötet. (*Links*) Mussolini und Hitler inspizieren den Schaden. Der anschließenden Vergeltungsaktion fielen 200 Menschen zum Opfer, darunter auch der Bürgermeister von Leipzig, Carl Goerdeler (*oben*, hier bei seinem Prozess vor dem Volksgerichtshof).

Als Hitlers Imperium zu bröckeln begann, erstarkte in allen besetzten Ländern der bewaffnete Widerstand gegen die Nazis. (*Oben*) Mitglieder der **französischen Résistance** nehmen in Paris nach der Befreiung Deutsche gefangen. (*Rechts*) Ein US-Offizier posiert mit einem Résistance-Kämpfer in Paris für die Kamera.

TRACK 11

Einige erlebten die Libération nicht mehr. (*Oben*) Acht Mitglieder der Francs-Tireurs et Partisans kurz vor ihrer **Hinrichtung** durch ein deutsches Erschießungskommando im Fort Mont Valérien in Paris, 21. Februar 1944. Zur Gruppe gehörten ein Franzose, drei Polen, ein Ungar, ein Rumäne und der aus Armenien stammende Anführer Missak Manouchian (Sechster von rechts). Für die meisten war es die Befreiung, für einige kam die Vergeltung. (*Rechts*) Ein junger französischer Kollaborateur wartet auf seine Exekution.

Im August 1944 kam es in Warschau zu einem zweiten Aufstand gegen die Nazis. Die Rote Armee stand nur noch 14 km vor der Stadt, und die polnische Exilregierung in London hatte die Bürger Warschaus zum Aufstand gedrängt. (*Oben*) Mitglieder der **polnischen Heimatarmee**, teilweise in erbeuteten deutschen Uniformen, transportieren Munition an die Front.

(*Oben*) Soldaten der Heimatarmee mit einem eroberten deutschen Fahrzeug. Der **Aufstand** dauerte zwei Monate. Auf Stalins Befehl hin unternahm die Rote Armee nichts, um den Polen beizustehen. Auch Großbritannien und die USA hielten sich zurück, weder Churchill noch Roosevelt wollten ihren mächtigen sowjetischen Verbündeten verärgern. Am 2. Oktober mussten die Polen aufgeben, sie hatten 200 000 Opfer zu beklagen.

TRACK 11

Auch nach dem Abzug der Wehrmacht blieben noch einige fanatische Nazis in **Paris**, um bis zum Tod zu kämpfen. (*Links*) Pariser gehen an der Pont d'Arcole beim Hôtel de Ville in Deckung, als ein Scharfschütze auf sie schießt. (*Oben*) Eine jubelnde Menge begrüßt die alliierten Panzer am Arc de Triomphe.

Am 31. August, sechs Tage nach dem Einmarsch der Alliierten in Paris, kamen die ersten sechs Soldatinnen des **US Women's Army Corps** in die Stadt. Viele weitere folgten. Sie arbeiteten als Schreibkräfte, Telefonistinnen, Archivmitarbeiterinnen, Fahrerinnen und Stenografinnen vorwiegend in der Finanzverwaltung und den PX-Läden. Natürlich traf man sie auch in den Mode- und Parfümgeschäften (*oben*).

Track 11

Der Armee des Freien Frankreich unter General Leclerc überließ man die Ehre, als Erste in Paris einzuziehen. Weitere Truppen folgten bald, und im September waren Tausende von Soldaten in der Stadt einquartiert. (*Oben*) Britische Soldaten trinken mit ihren **Pariser Gastgebern** auf die Libération.

Eine Auswahl an Aufnahmen des Fotografen Bob Landry; die Bilder für eine **Pariser Modeserie** entstanden kurz nach der Befreiung. Bis auf das Foto oben sind alle mit einem eindeutig militärischen, nicht unbedingt passenden Kontext arrangiert. 1945 spielte sich Landry in dem Film *GI Joe* selbst.

TRACK 12

Der **griechische Widerstand** bestand aus einer Vielzahl illegaler Gruppen, den sogenannten Andates (*oben*). Diese Gruppen teilten nicht unbedingt dieselben politischen Überzeugungen und Ziele. Die Zusammenarbeit war begrenzt, und oft fehlte es an entsprechender Bewaffnung. (*Rechts*) Auf dem Flugplatz Megara, westlich von Athen, heftet ein britischer Fallschirmjäger inmitten von Partisanen einen Union Jack an den Ärmel eines Jungen, 25. Oktober 1944.

Zu den erbittertsten Gegnern der deutschen Besatzer gehörten die **jugoslawischen Partisanen** unter Führung von Josip Broz, besser bekannt unter seinem Decknamen Tito. (*Oben*) Jugoslawische Partisanen pirschen sich an einen deutschen Posten bei Litja in Slowenien heran, 17. November 1944. (*Rechts*) Von seinem Hauptquartier in den Bergen kommuniziert **Tito** per Feldtelefon mit seinen Offizieren, August 1944. Sein Hund begleitete ihn als treuer Gefährte durch den Krieg.

1944

(*Links*) Der Film *Heinrich V.* sollte 1944 mit dem Heldenepos die Moral in der Heimat stärken. Er wurde von der Regierung mitfinanziert. **Laurence Olivier** war Mitautor, Regisseur und Hauptdarsteller. Für seine Arbeit bekam er eine steuerfreie Gage von 15 000 £.

Das Theaterstück *Catherine Was Great*, produziert von Mike Todd und mit **Mae West** (*oben*) als Star, hatte im Sommer 1944 Premiere. Die Kritik sprach von einem „einfallsreichen Entkleidungsstück". Nach der Premiere sagte Mae West: „Katharina [die Große] hatte in ihrem Leben 300 Liebhaber. Ich tat mein Bestes, soweit mir das in zwei Stunden möglich war."

Der amerikanische Präsident Franklin D. Roosevelt sollte das Ende seiner Todfeinde Hitler und Mussolini nicht mehr erleben. Er war bereits schwer krank, als er sich am 11. Februar 1945 mit Churchill und Stalin zur **Konferenz von Jalta** traf (*oben*). Zwei Monate später starb er. (*Rechts*) Der mit der amerikanischen Flagge bedeckte Sarg **Roosevelts**.

TRACK 13

Als der Krieg zu Ende ging, zeigte man wenig Verständnis für Frauen, die mit den deutschen Besatzern **fraternisiert** hatten. (*Oben*) Mitglieder des dänischen Widerstands verhaften Frauen, die dieses Vergehens beschuldigt wurden. (*Rechts*) Zwei Französinnen werden von Antifaschisten öffentlich angeprangert.

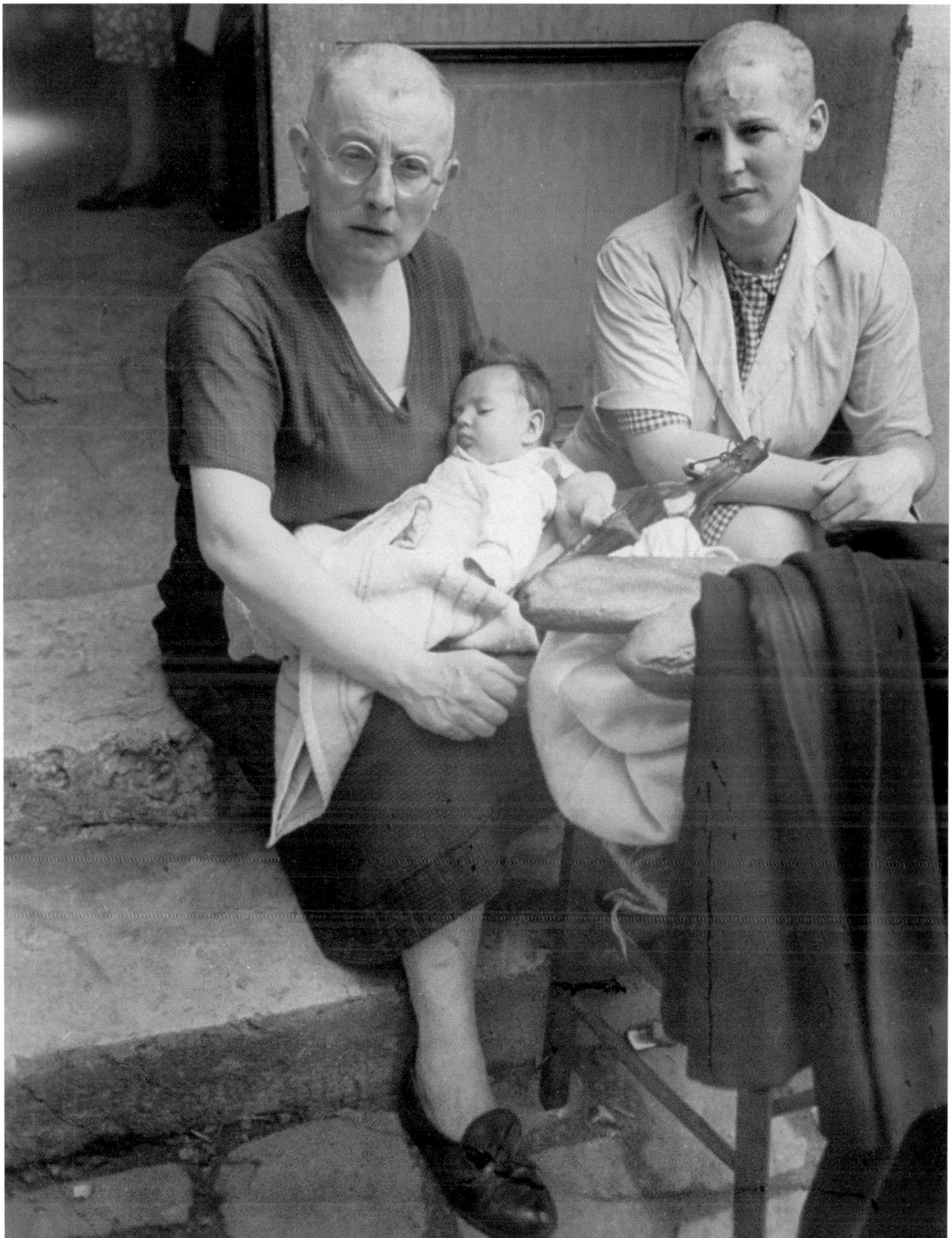

Als die alliierten Truppen in Polen, Österreich und Deutschland einmarschierten, stießen sie auch auf die **Konzentrationslager** und entdeckten die Gräuel, die dort stattgefunden hatten. (*Links*) Ein deutscher SS-Offizier und eine ehemalige KZ-Wärterin legen die Leichen der Opfer in ein Massengrab. (*Rechts*) Die Leichen von rund 3000 Häftlingen werden zur Einäscherung vorbereitet. Die Menschen waren im unterirdischen Rüstungsbetrieb Mittelbau-Dora bei Nordhausen als Arbeitssklaven eingesetzt worden.

TRACK 14

(*Links*) John Floreas Aufnahme eines ausgemergelten Insassen des **Lagers in Nordhausen** entstand kurz nach der Befreiung des Lagers. Nie zuvor war die Welt mit solchem Leid und solcher Grausamkeit konfrontiert worden.

Track 14

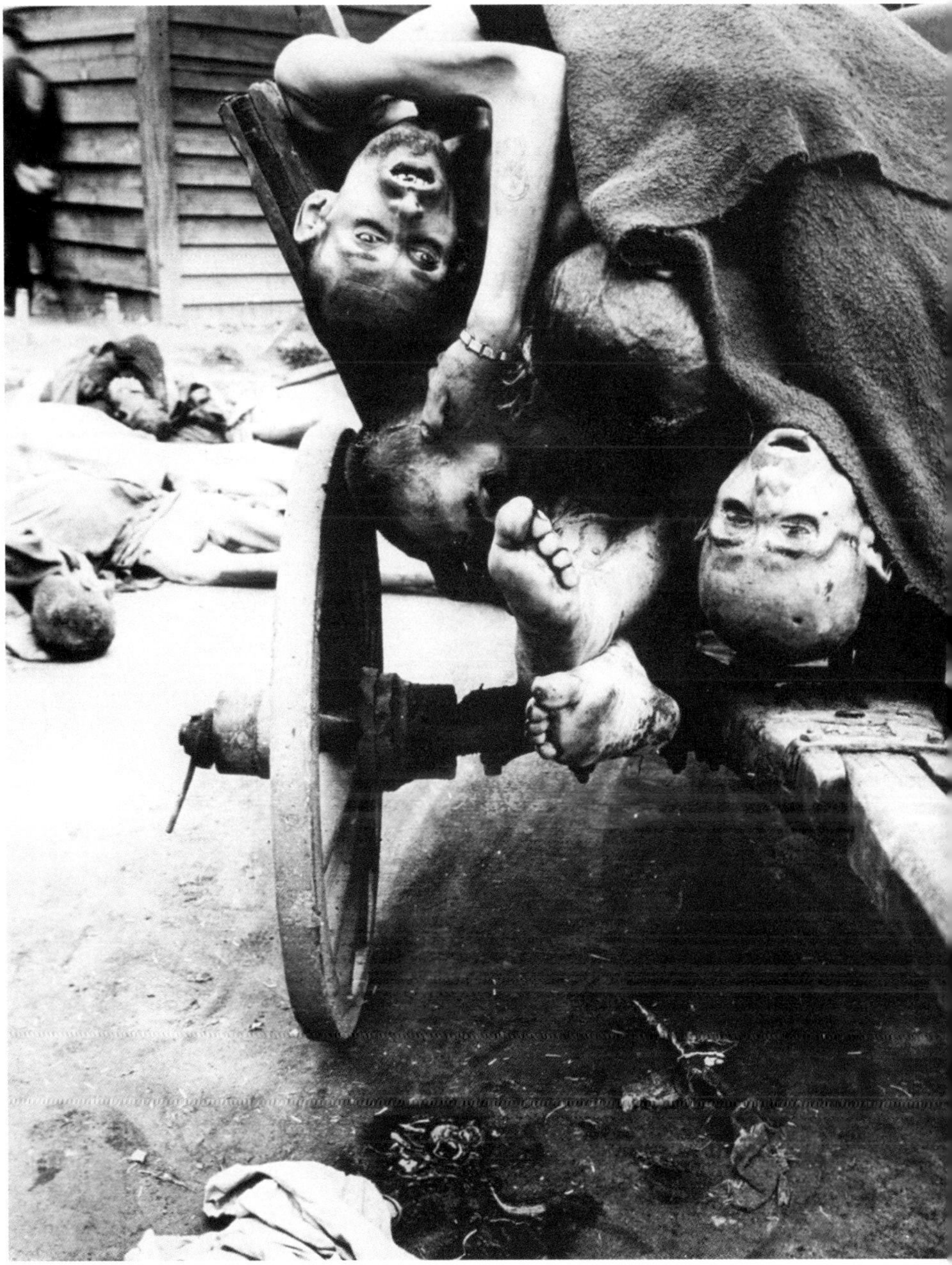

Im **Nebenlager Gusen** bei Mauthausen in Österreich mussten die Gefangenen bis zur völligen Erschöpfung in Steinbrüchen arbeiten, dann erschoss man sie. (*Oben*) Zur Bergung der Leichen wurden Bewohner aus der Umgebung des Lagers abkommandiert.

(*Oben*) **Osten und Westen** treffen sich am 25. April 1945 an der Elbe bei Torgau. US-Leutnant William Robertson umarmt Leutnant Alexander Silwaschko von der 1. Ukrainischen Armee. Hitlers Reich bleiben nur noch wenige Tage.

Bei ihrem Rückzug zerstörte die Wehrmacht viele Brücken über die großen Flüsse. (*Oben*) Flüchtlinge und Vertriebene überqueren die stark beschädigte **Elbebrücke** bei Tangermünde. Es ist eines der vielen Fotos, die Fred Ramage in den letzten Kriegstagen in Europa aufnahm.

Mussolini und seine Geliebte Clara Petacci waren einige Zeit auf der Flucht. Im Frühjahr 1945 versuchten sie, von Italien in die Schweiz zu entkommen. Italienische Partisanen konnten sie ergreifen. Sie wurden am 28. April ohne großen Prozess abgeurteilt und exekutiert. Die von Kugeln entstellten Leichen (*rechts*) schaffte man nach Mailand und stellte sie dort öffentlich zur Schau (*oben*).

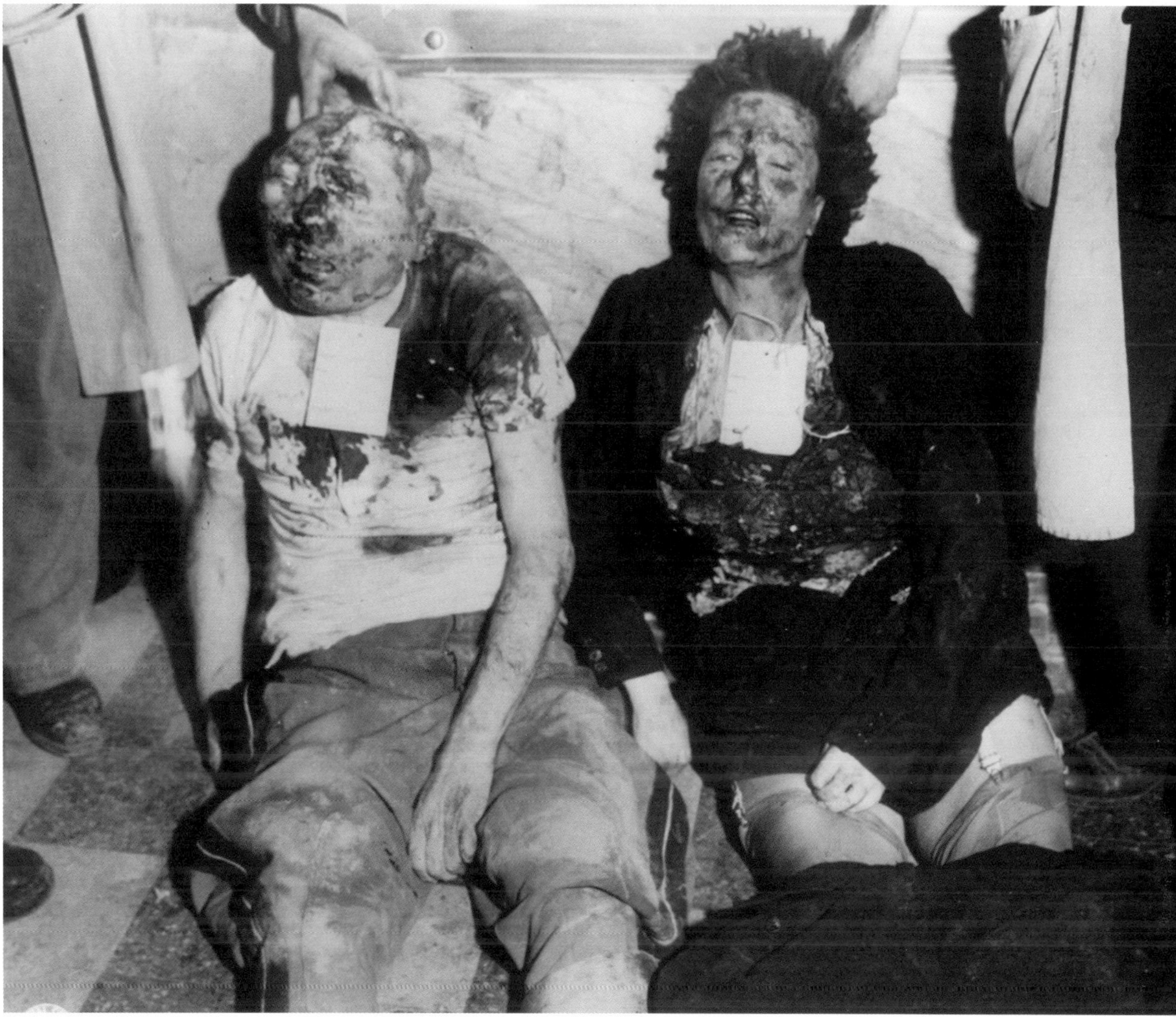

Gegen Ende des Krieges intensivierten die Alliierten ihre Luftangriffe auf deutsche Städte. Besonders schwer wurde **Köln** getroffen, auf das die USAF 50 000 t Bomben abwarf. Der Dom (*oben*) wurde stark beschädigt, Kirchenschiff und Türme blieben wie durch ein Wunder stehen. (*Links*) Eine Frau macht kurz Rast bei der Suche nach einem neuen Zuhause.

Der Zusammenbruch des Dritten Reiches kam schnell, doch der deutschen Bevölkerung stand noch eine lange Leidenszeit bevor. (*Oben*) **Flüchtlinge** ziehen wenige Tage nach Kriegsende durch die Straßen Berlins. (*Rechts*) Leonard McCombe fotografierte diese obdachlosen Menschen, die in einem verlassenen Amtsgebäude hausten.

TRACK 15

Am Mittag des 7. Mai 1945 wurde die Nachricht über die bedingungslose Kapitulation Deutschlands über den deutschen Rundfunk verbreitet. Überall in Europa strömten die Menschen, die sechs Jahre Krieg überlebt hatten, froh und erleichtert auf die Straßen. Viele gingen in ihre Kirchen, um Gott zu danken. Andere gedachten still der Menschen und Dinge, die sie verloren hatten. Einige blickten auch in die Zukunft, dachten an den noch tobenden Krieg mit Japan und fragten sich, ob die Politiker ihr Versprechen „einer besseren Welt" halten würden. Drei Monate später kapitulierte auch Japan. Die besiegten Japaner, schockiert von Hiroshima und Nagasaki, hörten im Radio erstmals die Stimme ihres Kaisers, der von einem „Waffenstillstand" und nicht von Kapitulation sprach. Einige ertrugen die Schmach nicht und begingen Selbstmord. Andere, in Höhlen auf Pazifikinseln versteckt, weigerten sich, dies zu akzeptieren und kämpften weiter. Aber die Geschütze schwiegen, und Flugzeuge stellten keine Bedrohung mehr dar.

NATIONALE
LOTE
ISMAI
PROCHAI
PALAIS

(*Vorherige Doppelseite, links*) Der britische Marinesoldat George Broomhead schwenkt am 8. Mai 1945 auf einem der Löwen vom Trafalgar Square die Fahnen der Sieger: Union Jack, Stars and Stripes und Hammer und Sichel. (*Rechts*) Churchill grüßt am gleichen Tag die Menge in Whitehall.

(*Links*) Eine improvisierte Feier am Boulevard de Clichy in Paris, 8. Mai 1945. (*Oben*) Eine Party in der Tilloch Street, London. (*Rechts*) Bill Eckert, als Hitler verkleidet, wird am Times Square in New York von Feiernden umringt.

(*Oben*) Amerikanische Soldaten in Paris nach Japans Kapitulation mit der US-Flagge und einem Spruchband „Japaner geschlagen". (*Unten*) Ein japanischer Gefangener in Manila liest in der *Daily Pacific*, dass der Krieg zu Ende ist.

„Der Freude freien Lauf lassen." (*Rechts*) Alfred Eisenstaedts Foto eines US-Matrosen, der im Siegestaumel mitten auf dem Times Square eine Krankenschwester in Uniform küsst, New York, 2. September 1945.

BOND

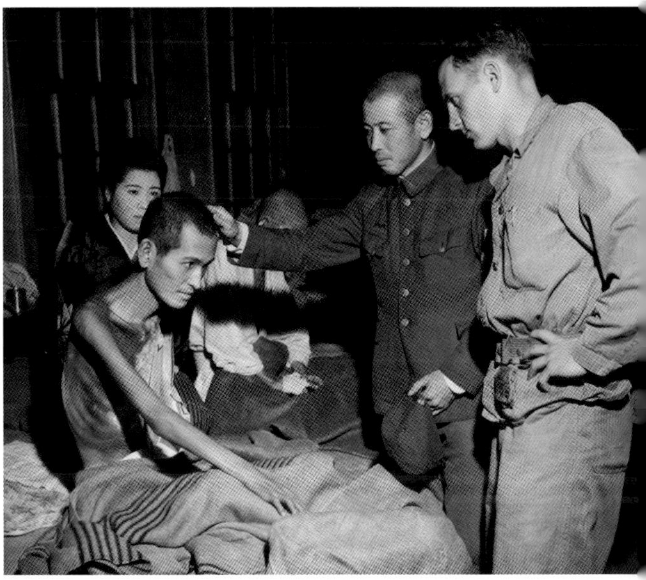

Am Montag, den 6. August 1945 um 8.15 Uhr überflog die von Colonel Paul W. Tibbets gesteuerte Enola Gay, eine Super-Fortress, die japanische Stadt Hiroshima. Die abgeworfene **Atombombe** entsprach mehr als 20000 t TNT. Ein neues Zeitalter war angebrochen. 70000 Menschen starben sofort, viele mehr in der Zeit danach. (*Links*) Das verwüstete Hiroshima. (*Oben*) Ein Opfer der zweiten, über Nagasaki abgeworfenen Atombombe wird von Dr. Shigeru Kawanda und US-Marineleutnant Thomas Brown (rechts) untersucht.

(*Oben*) Nach der Zerstörung von Hiroshima und Nagasaki **kapitulierte Japan**. In der Bucht von Tokio an Bord der USS Missouri nimmt US-General Douglas MacArthur (rechts hinter dem Mikrofon stehend) vor Repräsentanten der Alliierten die Kapitulation entgegen. (*Links*) Die Mannschaft der USS Missouri schaut auf die japanische Delegation, die gegenüber von MacArthur und seinen Offizieren steht.

Egal zu welcher Seite man gehörte, die **Rückkehr eines Soldaten** war immer ein ergreifender und glücklicher Augenblick. (*Links*) Ein im Sommer 1945 entlassener deutscher Kriegsgefangener wird herzlich begrüßt. (*Rechts*) Ein heimkehrender GI reißt seine Liebste an sich und das in einem Ort in Pennsylvania mit dem passenden Namen New Hope.

Track 19

NEW HOPE

Stars von Bühne, Leinwand und Radio besuchten die Truppen in ihren Ausbildungslagern und folgten ihnen nach dem D-Day bis nach Europa. (*Links*) Gespannt hören amerikanische Soldaten zu, wie **Marlene Dietrich** in Camp Meade, Vermont, aus einem Buch vorliest. (*Oben*) Der Komiker **Bob Hope** gibt vor dem Savoy Theatre in London ein Autogramm für eine Angehörige des Motor Transport Corps.

TRACK 20

Während des Krieges stiegen die Ausgaben des Publikums für Unterhaltung auf mehr als das Doppelte an. Besonders die Filmindustrie profitierte davon, die Filmstudios florierten. Es war die Zeit großer Stars, wie **Humphrey Bogart** und **Lauren Bacall** (*oben*), hier bei einer Szenenprobe zu *Tote schlafen fest*. Hollywood zog viele Talente aus Europa an. (*Rechts*) Der Regisseur **Jean Renoir** bei Drehvorbereitungen für eine Szene aus *Der Mann aus dem Süden*.

Noch lange nach Kriegsende bestand akuter und chronischer Mangel an Nahrungsmitteln, Benzin und Luxusgütern. Es gab Rationierungen, aber auch einen **Schwarzmarkt** für alle, die Geld oder Tauschwaren hatten. (*Links*) Ein kanadischer Flieger verkauft Feuerzeuge in der Cutler Street, London. (*Rechts*) In Rom bieten Frauen selbst gebackenes Brot zum Verkauf an.

TRACK 21

Der Krieg machte Hunderttausende **Kinder eltern- oder heimatlos**. Viele wurden auf der Flucht quer durch Europa von ihren Eltern getrennt. (*Rechts*) Kardinal Theodor Innitzer, wegen seiner früheren Haltung boshaft „Heil-Hitler-Kardinal“ genannt, besucht eine Speisung von Waisenkindern in Österreich.

Das Leben war ein Kampf, für viele ein primitives Dasein, häufig ohne Wohnung, Arbeit oder Geld. In den am schlimmsten betroffenen Gebieten gehörte das **Durchstöbern von Abfällen** zum Überleben. (*Oben*) Frauen im Nachkriegsberlin suchen vor einer britischen Kaserne im Müll nach Zigarettenkippen und Küchenresten.

Es gab viel zu tun. In weiten Teilen der Welt mussten erst wieder elementare Lebensbedingungen geschaffen werden. (*Links*) Der ehemalige US-Präsident **Herbert Hoover**, Vorsitzender des Famine Emergency Commitee, besucht ein Lager für verschleppte polnische Kinder.

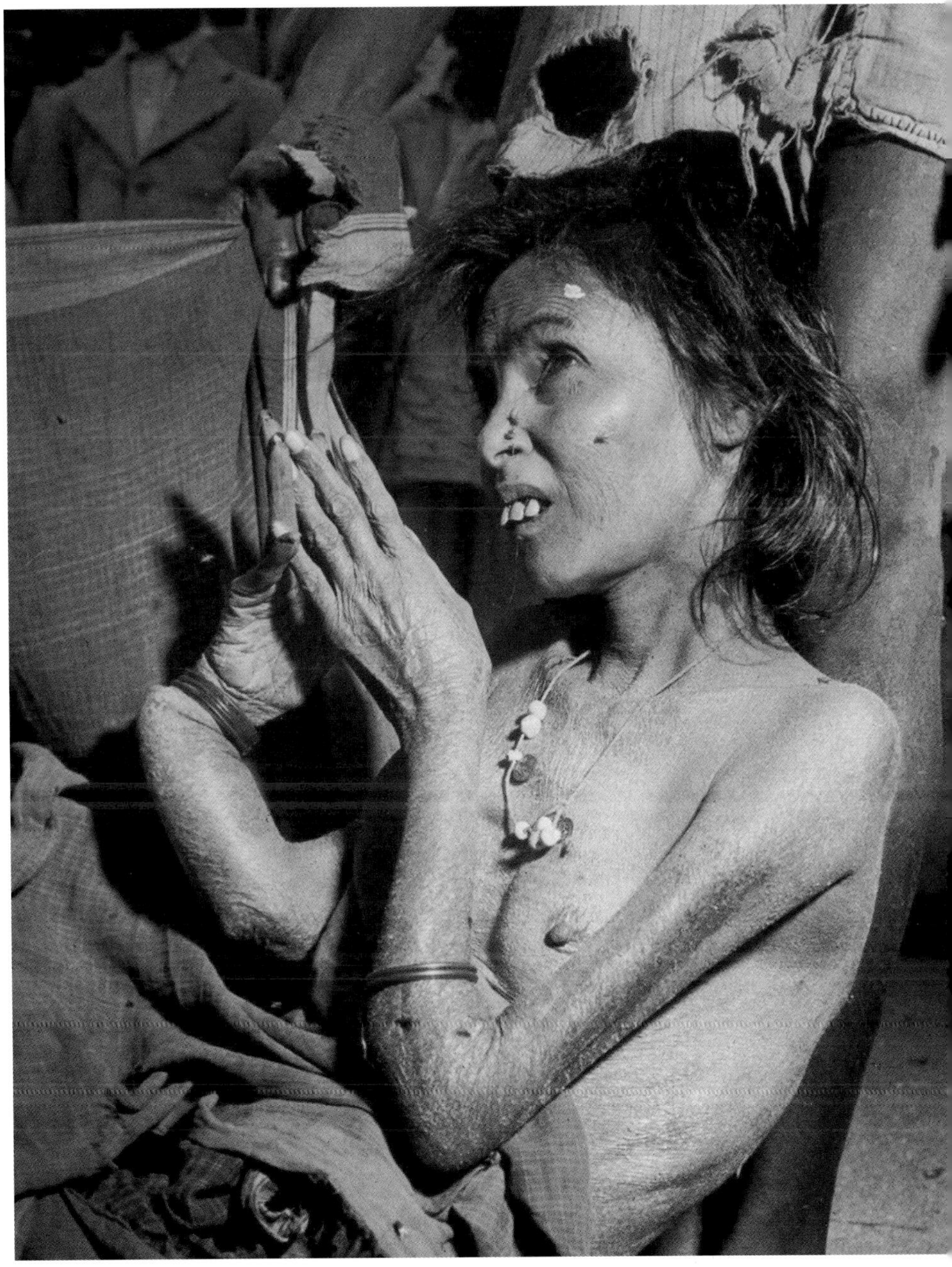

(*Oben*) Für einige war es unmöglich, ein neues Leben aufzubauen. Während einer **Hungersnot in Indien** wurde diese verkrüppelte Frau von Regierungshelfern in einem zu einem Tragetuch umfunktionierten Sari zu einer Armenküche getragen.

Der Zusammenbruch des japanischen Reiches im Osten sorgte auch in Teilen **Chinas** für Unruhe. Chiang Kai-shek versuchte, die Macht über die Städte entlang der chinesischen Ostküste zu halten, anderswo übernahmen die Kommunisten das Kommando. (*Oben*) Japanische Arbeiter richten den Roten Platz in Mukden her.

Die UdSSR zog zwar ihre Truppen aus **China** ab, doch es blieben viele Zeichen ihrer Präsenz während des Krieges erhalten. (*Oben*) Ein Ladenbesitzer in Mukden wartet auf Kundschaft. Hinter ihm ein Porträt von Josef Stalin und ein Plakat, das das Bündnis zwischen der UdSSR und China feiert.

Marcel Petiot hatte wahrend der Besatzung durch dle Nazis Juden gegen Geld Fluchthilfe aus Paris angeboten. Sobald er das Geld erhalten hatte, tötete Petiot sie in seinem Keller in einer selbst gebauten Gaskammer. Nach dem Krieg wurde er wegen 24-fachen Mordes verurteilt. (*Oben*) Petiot vor Gericht, 19. März 1946. (*Links*) Das Gepäck seiner Opfer fand die Polizei in Petiots Haus.

Weil sich die Bildung des Staates Israel verzögerte, kam es zu Kämpfen in Palästina, wo Gruppen wie die Stern-Gang den Abzug der Briten durch Gewalt beschleunigen wollten. (*Links*) Eine Frau, vermutlich eine Hotelbedienstete, wird von britischen Soldaten zum **Verhör** abgeführt. (*Rechts*) Soldaten suchen nach dem **Bombenanschlag** einer zionistischen Untergrundgruppe auf das King David Hotel in Jerusalem nach Überlebenden, 22. Juli 1946.

Die Gründung des lang versprochenen jüdischen Staates dauerte vielen zu lange, und sie versuchten, heimlich nach Palästina einzuwandern. (*Oben*) **Jüdische Einwanderer** im Internierungslager Caraolos auf Zypern. (*Rechts*) Einige der rund 4000 Juden, die im Hafen von Haifa auf Schiffen lebten, August 1946.

Der Prozess gegen die Hauptkriegsverbrecher des Naziregimes in **Nürnberg** begann am 20. November 1945, er dauerte über ein Jahr. (*Oben*) In der vorderen Reihe der Anklagebank sitzen unter anderem (von links nach rechts) Hermann Göring, Rudolf Heß, Joachim von Ribbentrop und Wilhelm Keitel.

TRACK 22

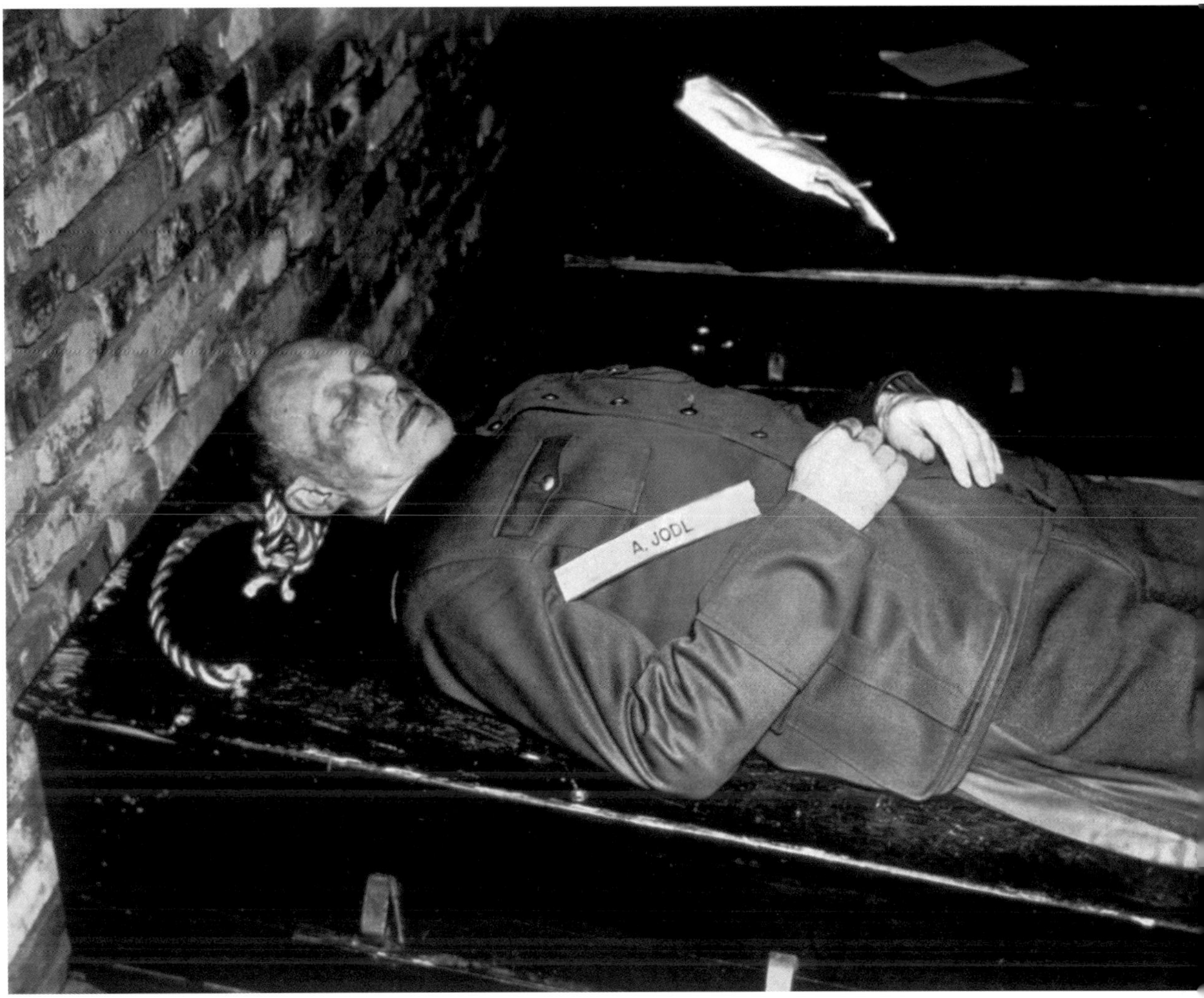

Zwölf Kriegsverbrecher wurden zum Tode verurteilt, Martin Bormann in Abwesenheit, Göring beging vor der Vollstreckung Selbstmord. Das Todesurteil für die beiden Wehrmachtsgeneräle Wilhelm Keitel und Alfred Jodl führte zu Kontroversen. Sie behaupteten, nur auf Befehl Adolf Hitlers gehandelt zu haben, und verlangten, erschossen und nicht gehenkt zu werden. (*Oben*) Der Leichnam von **Alfred Jodl**, 16. Oktober 1946.

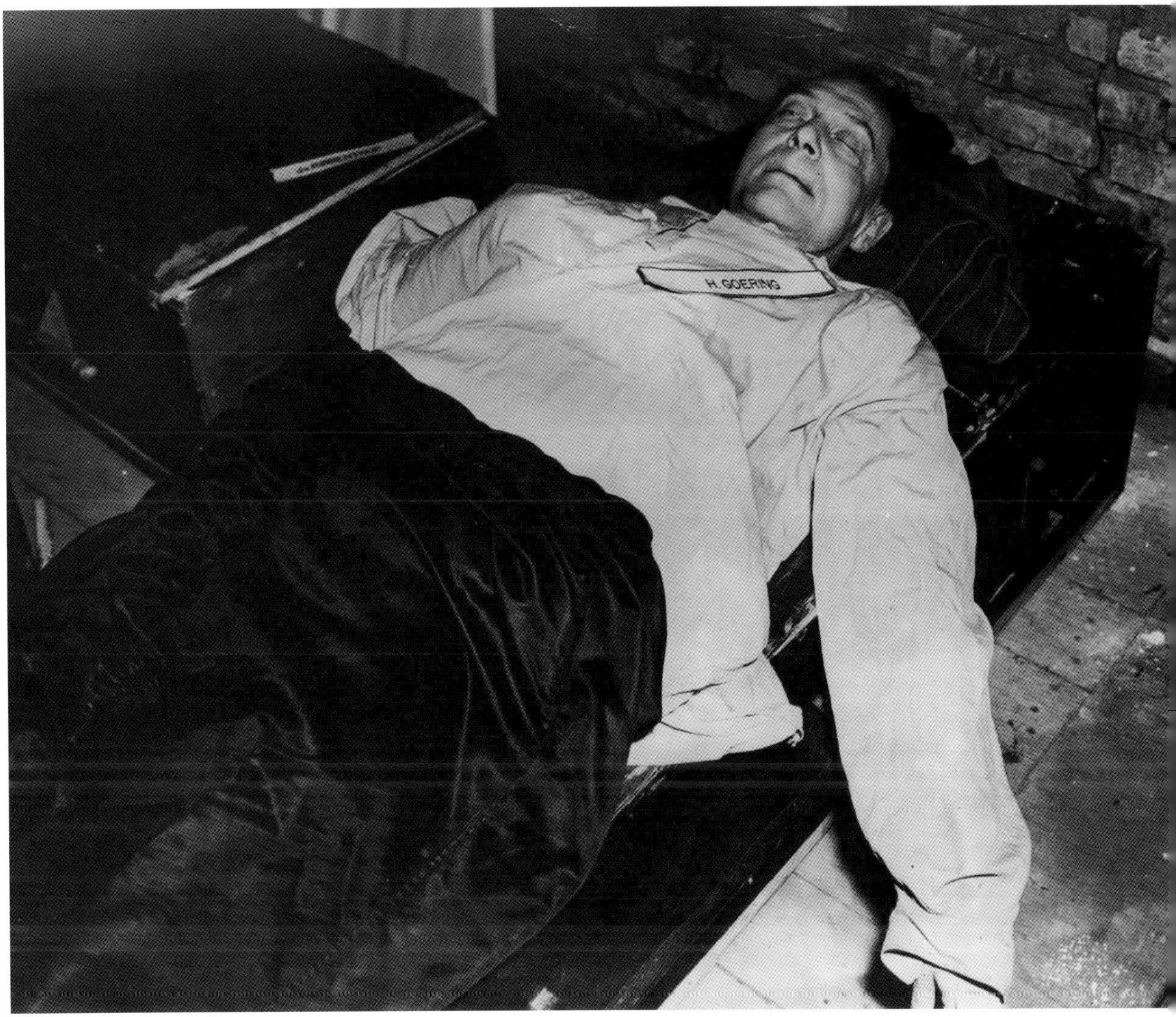

TRACK 22

Offiziell wurde **Göring** in Nürnberg vom Anwalt Otto Stahmer (*links*, mit dem Rücken zur Kamera) verteidigt. Allerdings übernahm er die Verteidigung großteils selbst und erklärte, nie Antisemit gewesen zu sein. In der Nacht vor seiner Hinrichtung schluckte er eine Blausäurekapsel, die in seine Zelle (*oben*) geschmuggelt worden war.

Der europäische Film erlebte 1946 einen Aufschwung – er war nun wieder frei von der Verpflichtung, Regierungen moralisch und politisch zu unterstützen. (*Oben*, von links nach rechts) Jean Marais, Jean Cocteau, Josette Day und Michel Auclair diskutieren über die filmische Umsetzung von Cocteaus ***Die Schöne und das Biest***. (*Rechts*) F. J. McCormick (rechts) führt in Carol Reeds ***Das fünfte Rad am Wagen*** den verwundeten James Mason durch die Straßen Belfasts.

Während des Krieges war die nationalistische Unabhängigkeitsbewegung in Indien erstarkt. Die britische Herrschaft hatte nach dem raschen Anfangssieg der Japaner über die britische Armee stark an Ansehen verloren. Einer Übergabe der Macht standen aber noch erhebliche Hindernisse im Weg. Churchill war entschieden gegen die Unabhängigkeit Indiens. Zudem war die Aufteilung des Subkontinents, die ausreichende Sicherheit und Religionsfreiheit für Hindus, Muslime, Sikhs und andere Gruppen gewährleisten sollte, sehr umstritten.

Die Bildung der Labour-Regierung unter Clement Richard Attlee 1945 machte den Weg für den Wandel frei. Lord Louis Mountbatten wurde zum neuen Vizekönig ernannt. Er hatte den Mut, ein Datum für die Entlassung Indiens aus der Obhut der Britischen Krone zu benennen. Der Tag der Unabhängigkeit sollte am 15. August 1947 kommen.

Vor der Teilung Indiens brachen in den großen Städten blutige Unruhen aus. (*Oben*) Straßenkämpfe in Bombay. (*Unten*) Nach Zusammenstößen zwischen Hindus und Muslimen patrouillieren britische Soldaten durch Kalkutta. (*Rechts*) Auf den Dächern drängen sich die Geier, während in Kalkuttas Straßen die Opfer der Unruhen liegen.

Übergabe der Macht. (*Oben*) Frederick Pethick-Lawrence (links) und Sir Stafford Cripps (rechts), Mitglieder der britischen Regierungskommission, konferieren mit Mohammed Ali Jinnah, Mai 1946. (*Links*) Hindu-Führer Jawaharlal Nehru. (*Rechts*) Der letzte Vizekönig Mountbatten mit Mahatma Gandhi (Mitte) und Lady Edwina Mountbatten.

Unmittelbar vor dem Tag der Unabhängigkeit kam es zu großen Bevölkerungsverschiebungen auf dem Subkontinent. (*Oben*) Muslimische Frauen aus Delhi auf dem Weg in den neuen Staat Pakistan. (*Links*) Sikhs ziehen in Richtung Ostpandschab. (*Rechts*) Die Menge feiert in Kalkutta die Unabhängigkeit.

Teilung Indiens 1947

Das erste Quartal 1947 brachte Europa, das noch immer unter akutem Mineralölmangel litt, arktisches Wetter. Menschen in Ländern, die keine schweren und folgenreichen Schneefälle kannten, mussten sehen, wie sie überlebten. (*Oben*) Ein **Milchmann in Cheam** bei London verzichtet auf den Pferdewagen und nutzt einen Schlitten.

Sogar in den Innenstädten türmte sich der Schnee. (*Oben*) Einem **Londoner Polizeibeamten**, der bei der Saint Paul's Cathedral den Verkehr regelt, wird der Luxus einer kleinen Matte zugestanden, die seine Füße ein wenig vor der Kälte und Nässe schützen soll.

Die Monate vergingen, doch die Schneefälle hielten an. (*Oben*) Nördlich von London, auf dem Weg zum traditionellen Wettrennen gegen Oxford, versucht die **Rudermannschaft der Cambridge University**, ihren Bus wieder flottzumachen, 10. April 1947. Sie gewann die Regatta.

Soldaten, Zivilisten und Kriegsgefangene wurden zum Schneeräumen eingeteilt. (*Oben*) **Deutsche Kriegsgefangene** schaufeln nach einem Schneesturm in England eine Straße bei Chapel-en-le-Frith frei, 6. Februar 1947.

Der Staat Israel ist noch immer nicht gegründet. (*Oben*) Das berühmte Einwandererschiff **Exodus** wartet in Haifa, 18. Juli 1947. (*Links*) Dieses Foto von Erich Auerbach zeigt jüdische Flüchtlinge auf der verbotenen Reise nach Palästina.

Die Pariser Modehäuser behielten auch während des Krieges ihre eleganten Schnitte bei. (*Links*) Ein Model von Jacques Fath posiert neben einem 1947er **Delahaye Coupé**. (*Rechts*) Die Modefotografin **Louise Dahl-Wolfe** macht Aufnahmen für *Harpers' Bazaar*.

Das **Komitee für unamerikanische Aktivitäten (HUAC)** wurde 1938 eingerichtet, 1947 nahm es Hollywood ins Visier, um es von der „Roten Gefahr" zu befreien. (*Links*) Zu den „freundlichen" Zeugen gehörten (im Uhrzeigersinn von oben links) Gary Cooper, Robert Taylor und Jack L. Warner. Bertolt Brecht, mit Zigarre, gab an, nie Mitglied der Kommunistischen Partei gewesen zu sein. (*Oben*) „Verwarnt" wurden unter anderen (von links nach rechts stehend) Danny Kaye, June Havoc und Humphrey Bogart.

(*Links*) **Howard Hughes** überwacht Arbeiten im Rumpf seines Flugboots H-4 Hercules. Der Korpus des riesigen Flugzeugs bestand aus verleimter Birke und nicht, wie der Spitzname „Spruce Goose“ nahelegt, aus Fichte. Sein einziger Flug ging 1947 gerade einmal über eine Distanz von knapp 1,6 km.

(*Oben*) Major **Charles E. Yeager**, „Mr. Supersonic – der schnellste Mensch auf Erden“, hält ein Modell seines Experimental- und Raketenflugzeugs Bell-X-1 in Händen. Am 14. Oktober durchbrach er als erster Pilot die Schallmauer.

Die **Hochzeit von Prinzessin Elisabeth** mit Philip Mountbatten, dem Neffen des ehemaligen Vizekönigs von Indien, brachte Romantik und Glamour in den eher düsteren Nachkriegsalltag der Briten. Nach der Trauung in Westminster Abbey (*links*) fuhr das Paar zum Buckingham Palace, wo es von der Bevölkerung bejubelt wurde, 20. November 1947. (*Rechts*) Mr Schur (Zweiter von links) begutachtet mit seinen Kollegen die 2,7 m hohe Hochzeitstorte, die die Konditorei Huntley & Palmers gebacken hatte.

TRACK 24

(*Oben*) **Jackie Robinson** holt ein „Double Play“. Robinson war der erste afroamerikanische Spieler der obersten Baseballliga. (*Rechts*) **Joe Louis** wird von Jersey Joe Walcott im Madison Square Garden zu Boden geschickt, Dezember 1947. Louis erholte sich und verteidigte seinen Weltmeistertitel im Schwergewicht.

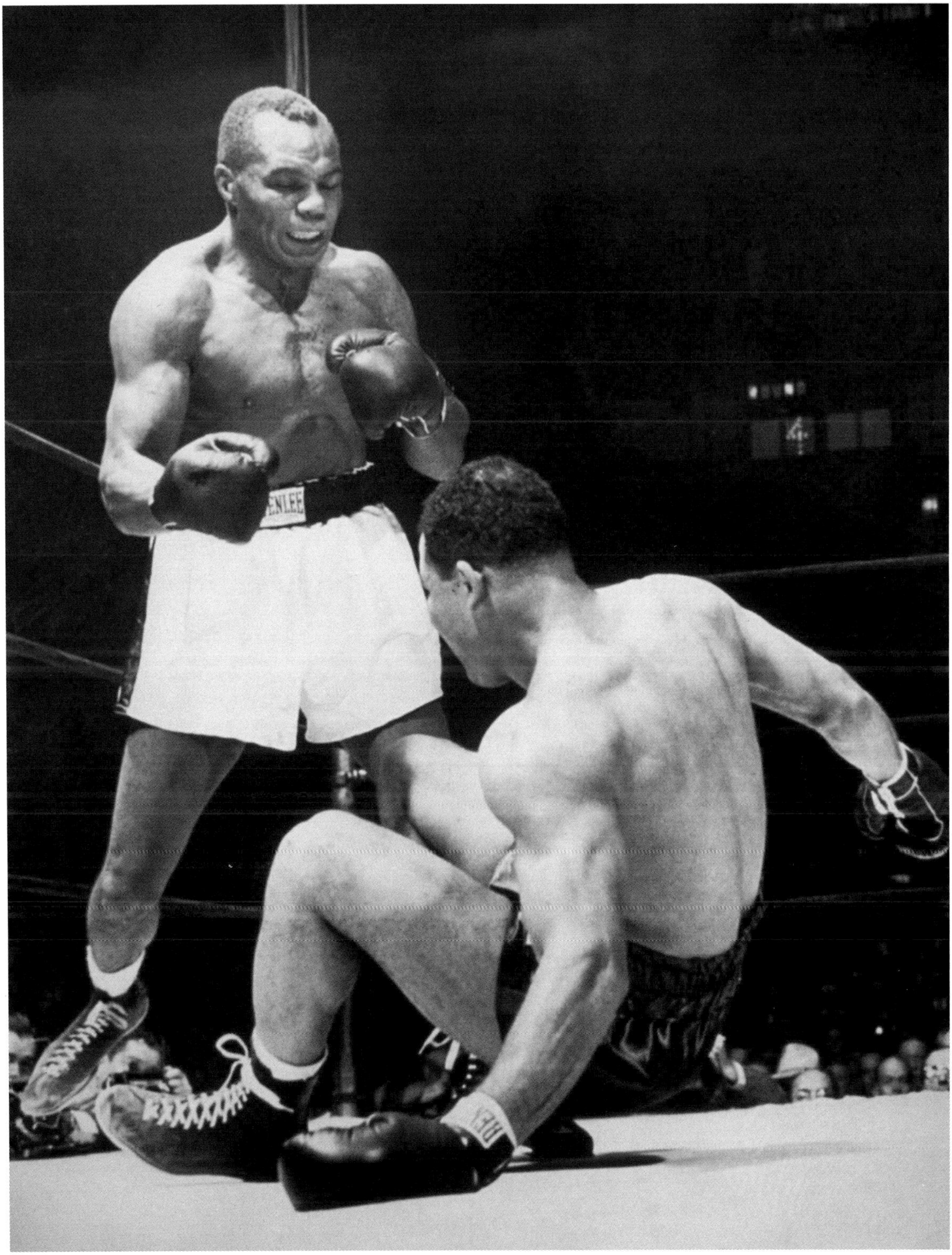
EVERLAST

Am 30. Januar 1948 wurde **Mahatma Gandhi** in Nathuram Godse vom Mitglied einer extremistischen Hindusekte erschossen. (*Oben*) Gandhis aufgebahrter Leichnam im Birla House, Neu-Delhi. (*Links*) Der Scheiterhaufen des berühmtesten Verfechters von Gewaltlosigkeit. (*Rechts*) Eine riesige Menschenmenge nimmt an Gandhis Bestattung teil.

TRACK 25

KONERZE

Im Februar 1948 führt ein kommunistischer Staatsstreich zur Einrichtung einer „Arbeiterrepublik" in der Tschechoslowakei. (*Links*) Der neue Staatschef **Klement Gottwald** spricht in Prag vom Palais Kinsky am Altstädter Ring zur Menge. Frankreich, Großbritannien und die USA legten Protest ein. Gottwald erwiderte: „Wir werden uns nie von denen in Sachen Demokratie belehren lassen, die München zu verantworten haben."

Am 14. Mai 1948 wurde der neue unabhängige **Staat Israel** ausgerufen. (*Oben*) Der erste Premierminister David Ben Gurion verliest stehend die Proklamation des Staates. (*Rechts*) Junge Israelis feiern den lang ersehnten Tag in den Straßen von Tel Aviv.

TRACK 26

יצהר
שמן·סבון

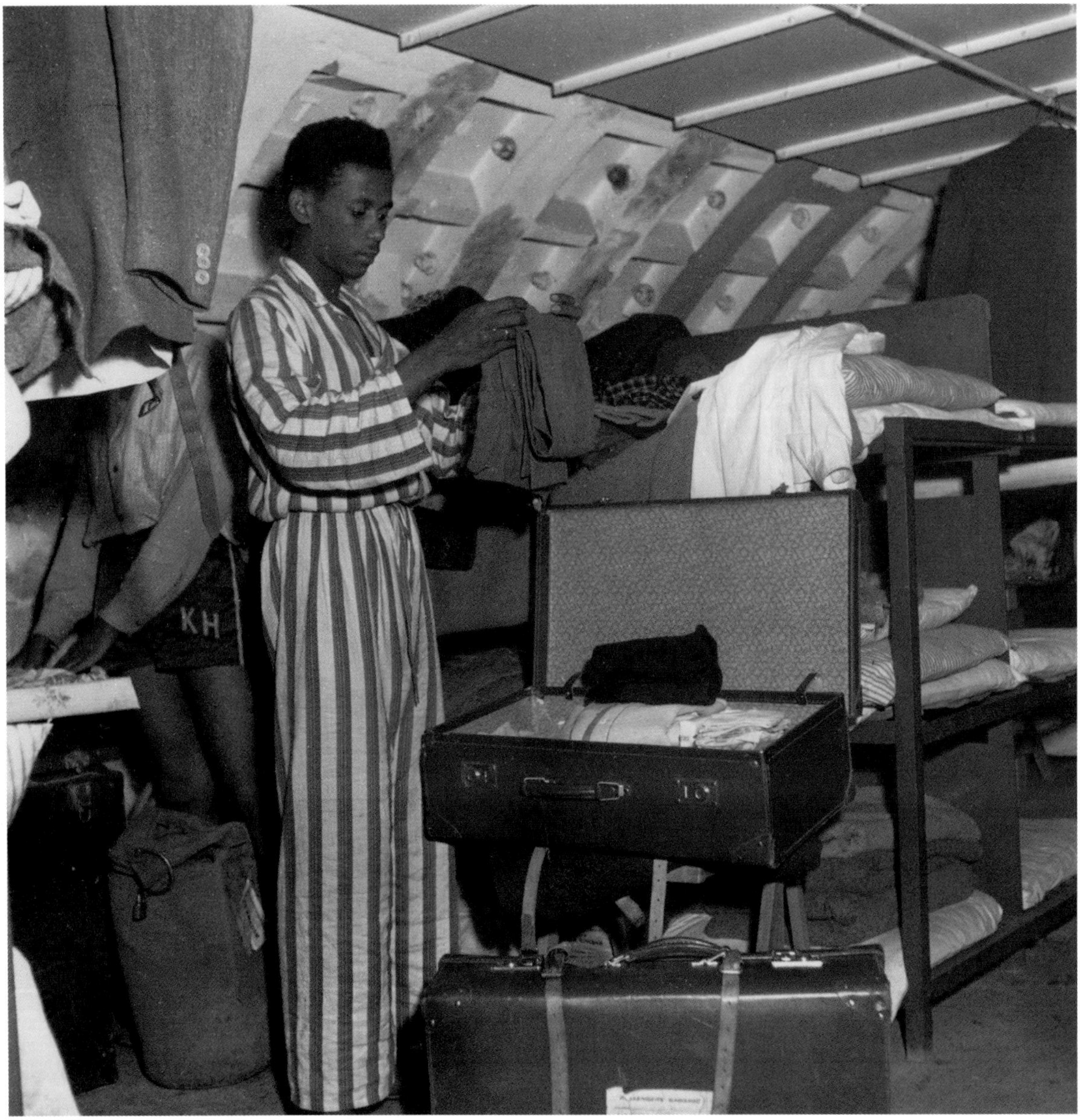

Im Juni 1948 lief der ehemalige Truppentransporter Empire Windrush (*rechts*) in die Tilbury Docks in London ein. An Bord waren 482 **Einwanderer aus Jamaika**, die im Mutterland Arbeit suchten. (*Oben*) Für die Neuankömmlinge richtete man in einem alten Luftschutzbunker beim Clapham Common, London, eine Behelfsunterkunft ein.

EMPIRE WINDRUSH
LONDON

Die **Blockade Berlins** durch die Sowjetunion begann am 24. August 1948, Westberlin wurde von Westdeutschland abgeschnitten. Fast ein ganzes Jahr wurden Berlin und seine Bewohner über eine Luftbrücke versorgt. (*Oben*) Säcke mit Mehl werden am Flughafen Tempelhof entladen. (*Rechts*) Kinder beobachten von einem Baum aus eine der zahlreichen amerikanischen Transportmaschinen.

EXIT ONLY
EXIT ONLY
BOX OFFICE

(*Oben*) H. S. Bignall (rechts) entzündet in Reigate, Surrey, eine neue Fackel an der olympischen Flamme, 28. Juli 1948. Bis nach Wembley waren es noch 48 km. (*Links*) Am nächsten Tag ziehen Funktionäre und Athleten zur Eröffnungsfeier in das Stadion ein.

Deutschland und Japan waren von den Olympischen Spielen 1948 ausgeschlossen. Die Spiele fanden in London statt. Mehr als 4000 Wettkämpfer aus 59 Nationen nahmen teil. Voller Sportsgeist begnügten sie sich mit den bescheidenen Unterkünften in Schulen und ehemaligen Militär- und Kriegsgefangenenlagern. Sigfrid Edström, Präsident des Internationalen Olympischen Komitees, lobte die Gastgeber: „Es war eine Herausforderung an die britische Fähigkeit zur Improvisation, und die Organisation hat diese Herausforderung großartig gemeistert.“

Emil Zátopek holt Gold beim 10 000-m-Lauf. (*Rechts*) Der Belgier Gaston Reiff mit Fans, nachdem er in strömendem Regen Gold über 5000 m gewonnen hat.

(*Links*) Die „fliegende Holländerin" Fanny Blankers-Koen geht bei den 80-m-Hürden in Führung. Dabei gewann sie eine von insgesamt vier Goldmedaillen bei diesen Spielen. (*Oben*) Der Norweger R. M. Stigersand beim Wettkampf im Turmspringen im Empire Pool, Wembley. Mindestens einer der Springer machte einen Bauchklatscher, weil er die Streben des Glasdachs mit den Markierungen im Wasser verwechselte.

Ende der 1940er war Paris das Zentrum der literarischen und philosophischen Welt. Hier trafen sich „alte Garde" und Avantgarde. (*Oben*) **Suzanne Beliot**, **Jean Cocteau** (Mitte) und **Jean-Paul Sartre** bei einer Probe von Sartres *Die schmutzigen Hände*. (*Links*) Die französische Schriftstellerin **Colette**, aufgenommen von Lipnitzki, Mai 1948. (*Rechts*) **André Gide** (mit Wolldecke), **Madeleine Renaud** und ihr Ehemann **Jean-Louis Barrault**.

Pablo Picasso (*links*), wegen Francos Herrschaft noch immer im französischen Exil, sitzt neben einer Skulptur in seinem Atelier in Vallauris. (*Rechts*) Porträtaufnahme des Schweizer Malers und Bildhauers **Alberto Giacometti**. Er kehrte nach dem Ende des Krieges aus Genf nach Paris zurück.

25

Zwei Vertreter der amerikanischen Moderne. (*Links*) Der Maler und Bildhauer **Alexander Calder** setzt eine Skulptur für eine Ausstellung in einer New Yorker Galerie zusammen, Januar 1948. (*Oben*) **Jackson Pollock** lässt Farbe und Asche auf eine frische Leinwand tropfen. Ein Jahr zuvor hatte er die Tropftechnik entwickelt, bei der der Pinsel nie die Leinwand berührt.

BLACK METROPOLIS

Das Buch, das die Welt schockierte. (*Links*) **Alfred Kinsey**, Zoologe, Biologe und Sexualforscher, hatte 1947 das Institut für Sexual-, Geschlechts- und Reproduktionsforschung gegründet.

Der ***Kinsey Report*** über das sexuelle Verhalten der Menschen wurde 1948 veröffentlicht – zur Freude von Komikern und Kabarettisten. (*Oben*) Die Sängerin Julie Wilson trägt ihre Interpretation des *Kinsey Report* im Mocambo Club in Hollywood vor.

Ende der 1940er verschärfte sich der Kalte Krieg in Fernost, als sich das Ende des Britischen Empire abzeichnete. (*Oben*) **Birmesische Regierungssoldaten** erhalten Anweisungen für einen Angriff auf kommunistische Guerillas.

Einer der langwierigsten Kampagnen wurde in **Malaya** ausgefochten, wo britische Kautschukfarmer in jedem malaiischen Einwohner einen kommunistischen Agenten vermuteten. (*Oben*) Eine Polizeipatrouille an einer Eisenbahnlinie durch den malaiischen Dschungel.

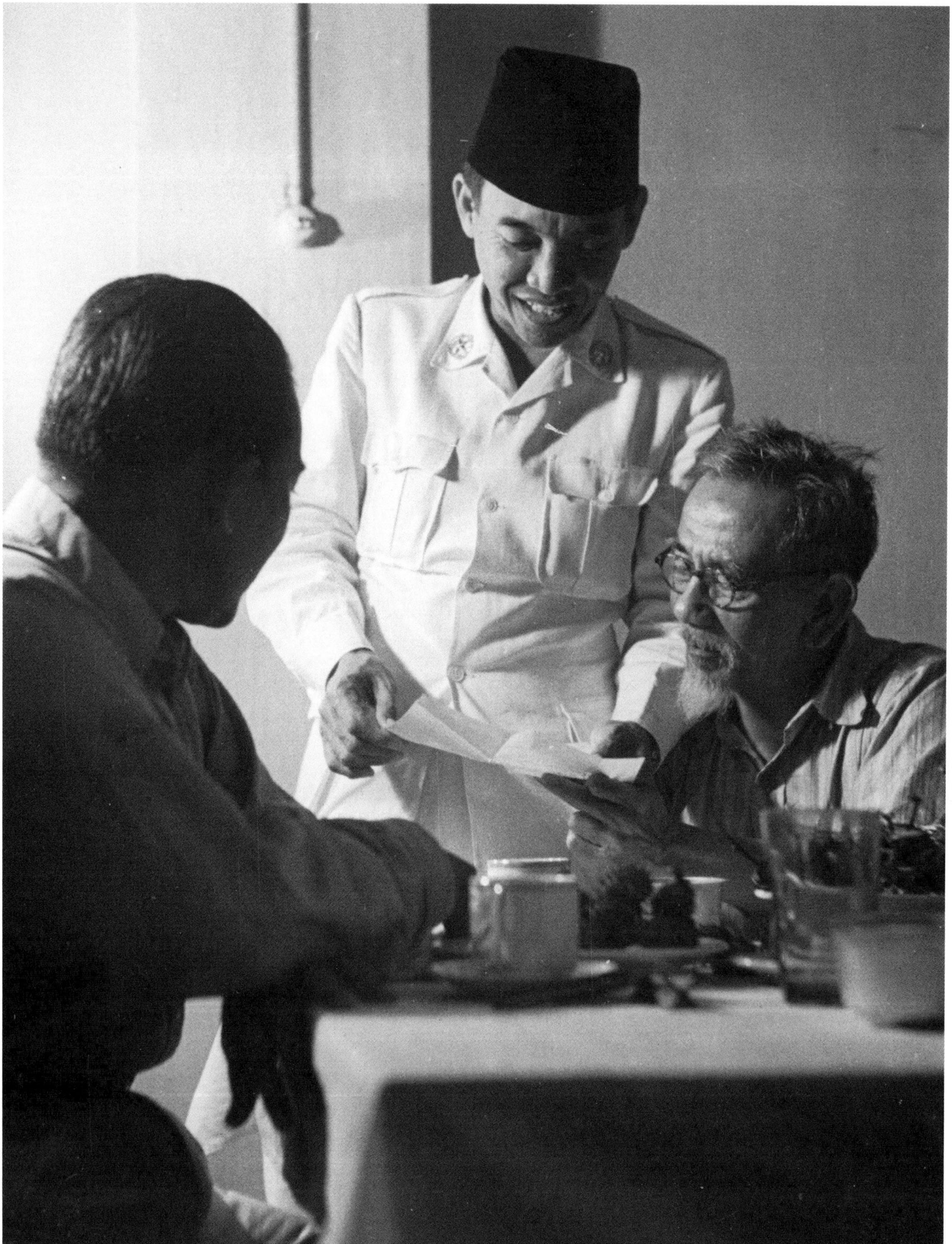

(*Links*) Der indonesische Präsident **Achmed Sukarno** (Mitte) bei einer Besprechung mit seinem Außenminister Haji Salim (rechts). Man hatte sie aus dem Gefängnis entlassen, doch Indonesien wartete im April 1949 noch auf seine Unabhängigkeit.

Großbritannien war nicht die einzige Kolonialmacht, die sich von ihrem einstigen Besitz verabschieden musste. (*Oben*) Königin Juliana der Niederlande (Mitte) schaut zu, wie ihr Premierminister Willem Drees das Dokument unterzeichnet, das **Indonesien die Unabhängigkeit** gewährt, 27. Dezember 1949.

Unter dem Druck der USA begannen die Niederlande im Sommer 1949 mit dem Abzug ihrer Truppen aus Indonesien. (*Oben*) Truppen vor dem **Ölzentrum bei Tjepoe** in Ost-Java. Die Rauchsäule stammt von einem Feuer, das die republikanischen Verbände beim Rückzug gelegt haben.

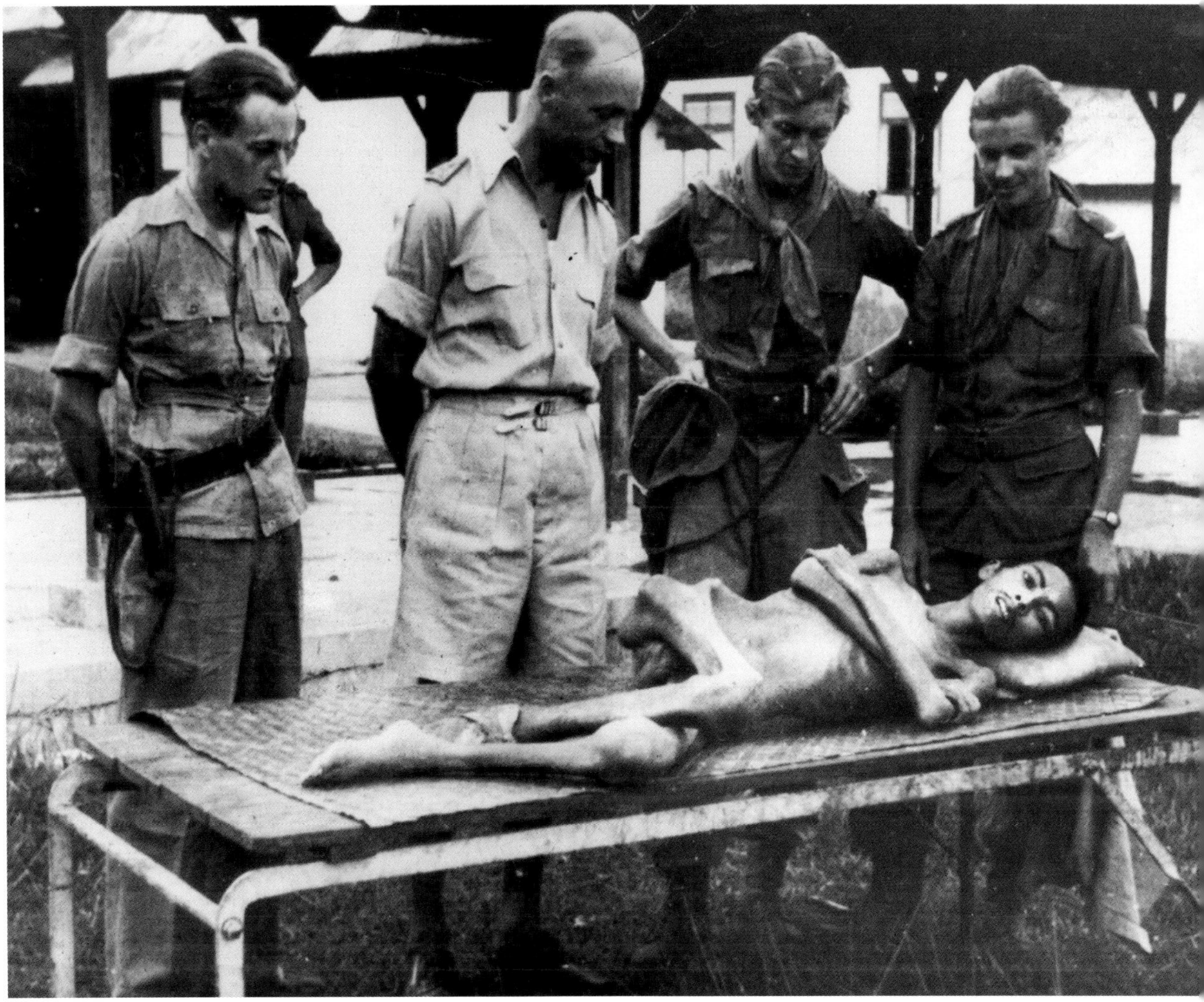

(*Oben*) Drei niederländische Soldaten und ein Arzt begutachten vor einem **niederländischen Militärhospital** im Norden Sumatras ein indonesisches Opfer des Unabhängigkeitskrieges.

Im Herbst 1949 war der Bürgerkrieg in China eigentlich beendet. (*Links*) Kommunistische Verbände rücken auf die Stadt Shanghai vor, 21. Mai 1949. (*Rechts*) Mao Zedong verkündet in Peking die **Gründung der Volksrepublik China**, 1. Oktober 1949. (*Oben*) Kommunistische Soldaten feiern ihre Ankunft an der Grenze zu Hongkong, 25. Oktober 1949.

TRACK 27

Am 23. Mai 1949 wurde das Grundgesetz für die Bundesrepublik Deutschland verkündet, die Teilung in West- und Ostdeutschland nahm damit eine feste Form an. In Deutschland bildeten sich zwei Staaten mit unterschiedlichen politischen Zielrichtungen und Kulturen heraus. (*Oben*) Polizisten marschieren im **Ostsektor Berlins** bei einer Maikundgebung mit.

(*Rechts*) Ein Markenzeichen Westdeutschlands: **VW-Käfer** warten vor dem Fabrikgebäude auf die Auslieferung. Der Volkswagen trug nach dem Krieg wesentlich zum Vertrauen in deutsche Produkte bei.

DH
COMET

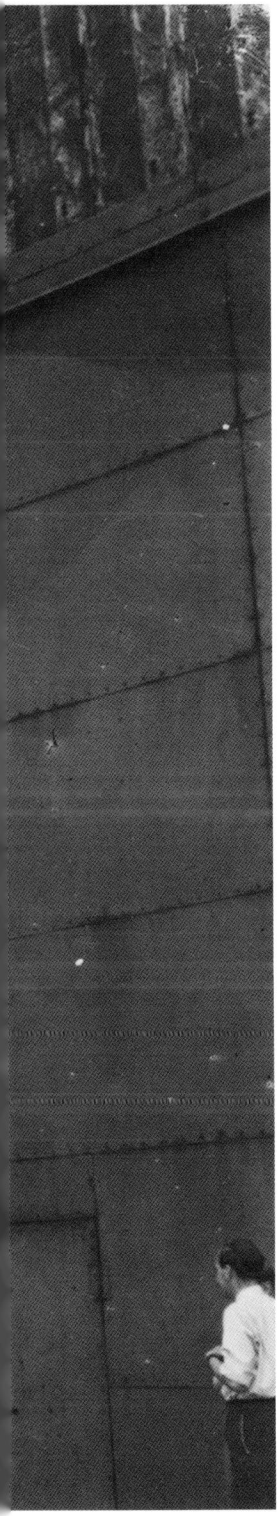

Die **de Havilland Comet** (*oben*) war das erste Passagierflugzeug mit Düsenantrieb. Der Jungfernflug fand am 27. Juli 1949 statt. Die etwas improvisierte unorthodoxe Unterbringung im Hangar (*links*) sorgte dabei sicherlich für einige Überraschung.

Track 28

Das Zeitalter der benzinfressenden, chromüberladenen, riesigen amerikanischen Limousinen war angebrochen. Sie trugen höchst luxuriös das amerikanische Ideal von Familie und Freiheit über die Highways. (*Oben*) Ein **Ford Cabriolet** von 1947 – perfekt ergänzt durch ein mondänes Model.

TRACK 29

Europa suchte nach sparsameren Straßenfahrzeugen, mit dem 2CV, dem Morris Minor, dem VW-Käfer oder diesem Prototyp eines **zusammenklappbaren Autos** aus Frankreich (*rechts*). Die Freudengeste seines Besitzers erinnert an Jacques Tati.

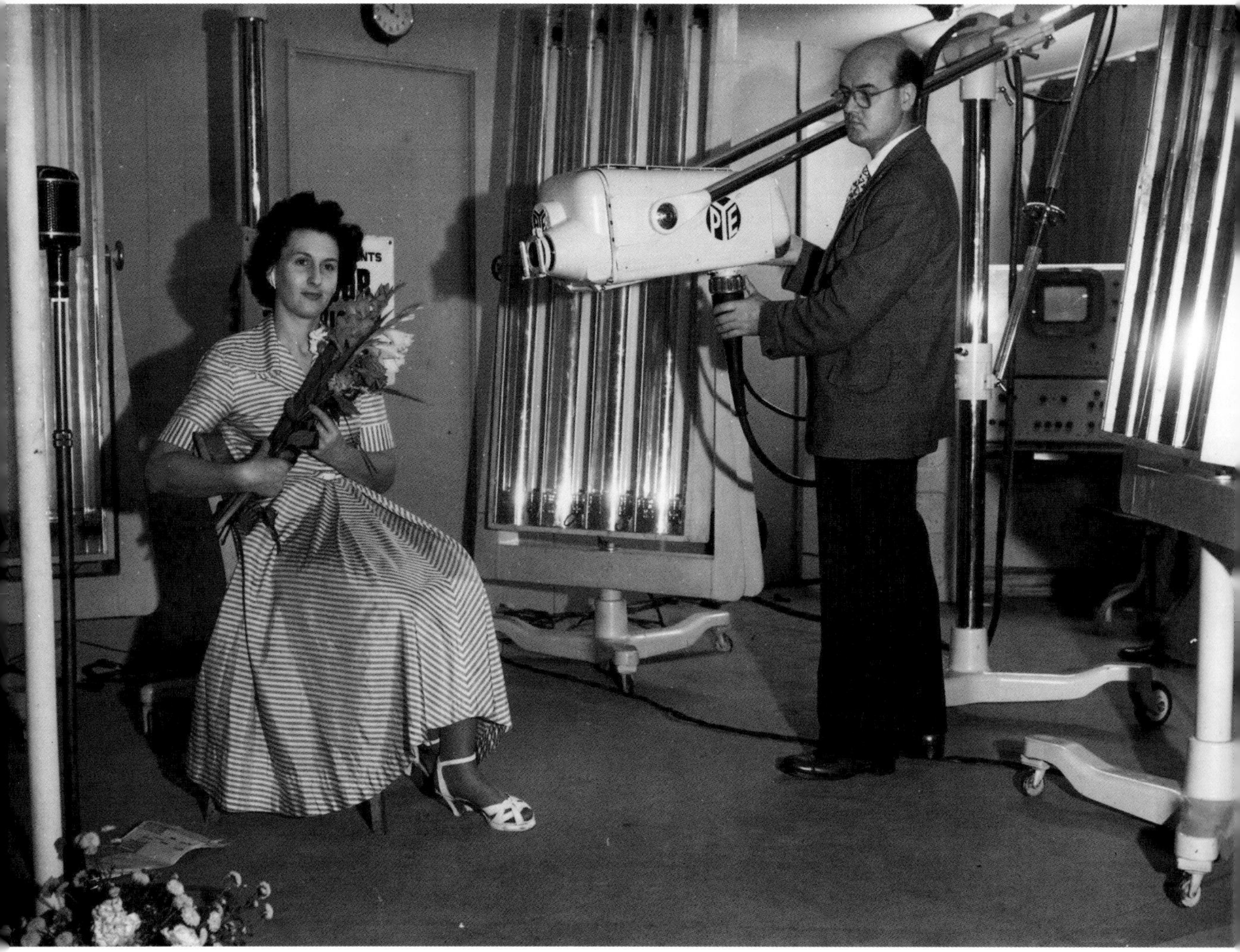

Das Fernsehen war die neue Sensation. Die bereits vor dem Krieg erfundene Technik hielt gegen Ende der 1940er allmählich Einzug ins Alltagsleben. (*Oben*) Das **erste kommerzielle Farbfernsehsystem** wird bei der National Radio Exhibition im Olympia in London präsentiert, 28. September 1949.

Dort konnten die Besucher auch den **Dynatron „Sovereign“** mit seinen sanft abgerundeten Konturen und diskret angebrachten Schaltknöpfen bewundern. Das Gerät hatte 34 Röhren und war eine Kombination aus Radio, 30-cm-TV-Gerät und Plattenspieler. Sein Preis: Sechs Monatslöhne eines durchschnittlichen Arbeiters.

Die amerikanische Tennisspielerin **Gussie Moran** nutzte den Centre Court für einen modischen Auftritt. (*Oben*) Am 20. Juni 1949 trat sie in Wimbeldon mit einem von Teddy Tinling entworfenen „schockierenden" Outfit an. (*Rechts*) Golfchampion Bobby Locke bevorzugte im gleichen Jahr beim Harrogate Golf Tournament eher konservative Sportkleidung.

Amerikanische Dramatiker wie Clifford Odets, William Inge, Arthur Miller und Tennessee Williams brachten mit ihren Stücken einen neuen psychologischen Realismus auf die Theaterbühnen. (*Oben*) Elia Kazan (links) und Miller in den Kulissen für ***Der Tod des Handlungsreisenden*** am Broadway. (*Rechts*) Bonar Colleano und Vivien Leigh in einer Aufführung von ***Endstation Sehnsucht*** im Londoner Aldwych Theatre, 22. Oktober 1949.

Auch das Kino betrat Neuland. Die klassischen Broadway-Musicals von Bubsy Berkeley und anderen wurden abgelöst von MGMs geradezu revolutionären ***Heute gehen wir bummeln*** unter der Regie von Gene Kelly und Stanley Donen und Leonard Bernstein als Komponisten. (*Oben*) Kelly und Vera Ellen in der Traumballett-Szene aus dem Film.

Eine Geschäftsidee, die sich allerdings nicht lange hielt, war das **Fly-In Movie Theatre** für Helikopter und kleine Flugzeuge. (*Oben*) Solche Neuerungen waren auch auf ganz normale Drive-In-Kundschaft eingestellt.

Einer der besten Filme des Jahres 1949 war ***Der dritte Mann*** mit Orson Welles (*rechts*) in der Rolle des mysteriösen Harry Lime. In dem in Wien spielenden und dort gedrehten Film war auch Joseph Cotton dabei (*oben*, wie er Regisseur Carol Reed über die Schulter schaut). Der Kameramann Robert Krasker gewann für den Film einen Oscar.

Register *Die Seitenzahlen beziehen sich auf Textstellen*

PA 3-27